Les Auteurs se réservent le droit de tr

COURS COMPLET
D'HISTOIRE ET DE GÉOGRAPHIE

D'APRÈS

LES NOUVEAUX PROGRAMMES

ARRÊTÉS PAR S. E. LE MINISTRE DE L'INSTRUCTION PUBLIQUE

LES 25 ET 26 MARS 1865

en conformité du décret du 24 décembre 1864

POUR L'ENSEIGNEMENT DANS LES LYCÉES IMPÉRIAUX

PAR

MM. Ed. ANSART Fils

Professeur d'histoire et de géographie, membre de la Société de Géographie

ET

AMBROISE RENDU

Docteur en droit, Auteur de divers ouvrages classiques

CLASSE DE CINQUIÈME
PARTIE GÉOGRAPHIQUE

GÉOGRAPHIE GÉNÉRALE DE L'EUROPE
ET
DE L'AFRIQUE MODERNE

TROISIÈME ÉDITION, REVUE ET CORRIGÉE.

PARIS

LIBRAIRIE CLASSIQUE ET ECCLÉSIASTIQUE

DE CH. FOURAUT

47, RUE SAINT-ANDRÉ-DES-ARTS, 47.

1867

On trouve aussi à la même librairie.

OUVRAGES DIVERS DE M. FÉLIX ANSART.

PRÉCIS DE GÉOGRAPHIE ANCIENNE ET MODERNE, COMPARÉE, rédigé pour l'usage des Lycées, des Collèges et de toutes les maisons d'éducation. Nouvelle édit., revue avec soin. 1 vol in-12, cart. 3 fr.

Ouvrage renfermant tous les détails qui peuvent faciliter l'étude de l'Histoire et l'intelligence des auteurs classiques, *autorisé par le Conseil de l'Instruction publique.*

On vend séparément :

Le PRÉCIS DE GÉOGRAPHIE ANCIENNE. 1 vol. in-12, cart. 1 fr. 60 c.
Le PRÉCIS DE GÉOGRAPHIE MODERNE. 1 vol. in-12, cart. 1 fr. 60 c.

PETITE HISTOIRE DE FRANCE, à l'usage des Classes élémentaires. Nouvelle édition, complètement revue, *rédigée sur un plan nouveau*, et augmentée d'Exercices, de Cartes géographiques et des Portraits des rois. 1 vol. in-18, cart. 75 c.

Ouvrage *autorisé par le Conseil de l'Instruction publique.*

PETITE HISTOIRE SAINTE, à l'usage des Classes élémentaires des Collèges, continuée jusqu'à la destruction de Jérusalem. Nouvelle édition, augmentée de Questionnaire et de 2 Cartes géographiques. 1 vol. in-18, cart. 75 c.

Ouvrage approuvé par LL. EE. les Cardinaux Archevêque de Tours et Évêque d'Arras, NN. SS. les Archevêques de Paris, de Cambrai et d'Alby, et par NN. SS. les Évêques de Langres, d'Amiens, de Saint-Dié, de Beauvais, de Pamiers, d'Autun, de Montpellier, de Soissons et Laon, et *autorisé par le Conseil de l'Instruction publique.*

VIE DE NOTRE-SEIGNEUR JÉSUS-CHRIST, littéralement extraite des textes des Saints Évangiles, et suivie d'un Précis de la doctrine chrétienne, à l'usage des Classes élémentaires des Collèges. Nouvelle édition, augmentée de Questionnaires. 1 vol. in-18 de 180 p., cart. 75 c.

Ouvrage revêtu des mêmes approbations que le précédent.

ATLAS HISTORIQUE ET GÉOGRAPHIQUE, renfermant toutes les cartes nécessaires pour suivre un cours complet d'études, dressé pour l'usage de tous les établissements d'instruction publique, et renfermant 61 planches donnant plus de 122 cartes et plans in-4. Demi-reliure. 18 fr.

Il se divise en plusieurs parties qui se vendent séparément pour les diverses classes.

PETIT ATLAS HISTORIQUE ET GÉOGRAPHIQUE, composé de 40 cartes in-4.

Il se divise en trois parties qui se vendent séparément.

Tout exemplaire non revêtu de la signature de l'un des auteurs et de celle de l'éditeur sera réputé contrefait.

Le dépôt légal de tous les ouvrages annoncés ci-dessus et d'autre part ayant été effectué, les auteurs feront poursuivre rigoureusement toute contrefaçon ou traduction faite au mépris de leurs droits.

EXTRAIT DES PROGRAMMES

DE

L'ENSEIGNEMENT DE L'HISTOIRE

ET DE LA GÉOGRAPHIE

DANS LES LYCÉES IMPÉRIAUX,

PRESCRITS PAR ARRÊTÉ DE M. LE MINISTRE DE L'INSTRUCTION PUBLIQUE
DU 25 ET 26 MARS 1865.
(en Conformité du décret du 24 décembre 1864.)

Classe de cinquième.

GÉOGRAPHIE GÉNÉRALE DE L'EUROPE

ET

DE L'AFRIQUE MODERNE.

Questions.		Pages
1-2. France..................	⎫	2 et 7
3. Grande-Bretagne........	⎪	24
4. Belgique, Pays-Bas, États scandinaves..........	⎬ Situation et limites; grandes divisions territoriales; capitales, principales villes; population; possessions hors d'Europe et colonies.	30-33-36
5. Allemagne...............		46
6. Prusse et Autriche.....		56-60
7. Suisse et États italiens...		65-69
8. Espagne et Portugal.....		75-79
9. Grèce et Turquie.......	⎭	82-86
10. Russie.................		41
11. PREMIÈRE PARTIE : Géographie politique de l'Afrique septentrionale, correspondant à l'Afrique connue des anciens...................................		89
DEUXIÈME PARTIE : Géographie politique des autres contrées de l'Afrique........................		101

CLASSE DE CINQUIÈME

GÉOGRAPHIE GÉNÉRALE DE L'EUROPE

ET DE

L'AFRIQUE MODERNE

CHAPITRE PREMIER

DIVISIONS DE L'EUROPE.

FRANCE.

SOMMAIRE.

1. L'EUROPE se divise en 16 parties principales : 4 au Nord : les Iles Britanniques, le Danemark, la Suède et Norvége, la Russie ; 7 au milieu : la France, la Suisse, les Pays-Bas, la Belgique, l'Allemagne, la Prusse, l'Autriche ; et 5 au Sud : l'Espagne, le Portugal, l'Italie, la Turquie et la Grèce.
2. La FRANCE est située à l'O. de l'Europe ; elle est bornée : au N. par la Prusse Rhénane, la Belgique et le Pas-de-Calais ; au N. O. par la Manche ; à l'O. par l'Atlantique ; au S. par les Pyrénées et la Méditerranée ; à l'E. par les Alpes, le Jura et le Rhin.
3. La France se divisait jadis en 40 GOUVERNEMENTS, qui ont été fondus en 89 DÉPARTEMENTS et que l'on peut répartir en 3 grandes régions, savoir : 1° le Nord, qui comprenait 14 des anciens gouvernements et formé 23 départements ; 2° le Centre, comprenant 18 gouvernements et 35 départements ; et 3° le Midi, comprenant 8 gouvernements et 31 départements.
4. La POPULATION est de plus de 37 millions d'habitants, catholiques pour la majorité. Le GOUVERNEMENT est un empire représentatif. Le CLIMAT est tempéré. — Les PRODUITS sont riches et nombreux.
5. Les COLONIES FRANÇAISES sont : I. En Afrique, l'Algérie, capitale Alger ; le Sénégal, chefs-lieux Saint-Louis, Bakel et Gorée ; l'île de la Réunion, chef-lieu Saint-Denis, et les petites îles de Sainte-Marie, Mayotte et Nossibéh. — II. En Asie, les comptoirs de Mahé, Karikal, Pondichéry chef-lieu, Yanaon, Chandernagor et l'Indochine française, capitale Saigon. — III. En Amérique, aux Antilles, la Guadeloupe, chef-lieu la Basse-Terre ; la Martinique, chef-lieu Fort-de-France, capitale des établissements, la Désirade, Marie-Galande et la moitié

de Saint-Martin; Saint-Pierre et Miquelon, près de Terre-Neuve; la Guyane française, capitale Cayenne, dans l'Amérique du Sud. — Dans l'Océanie, les îles Marquises, Wallis, Gambier et la Nouvelle-Calédonie.

1. Division de l'Europe. — L'Europe, dont nous avons donné rapidement la Géographie physique (classe de sixième, nos 30 et suiv.), se divise en seize parties principales, dont quatre au nord, sept au milieu et cinq au sud.

Les quatre au nord sont: 1° les **Iles Britanniques**; 2° le **Danemark**; 3° la **Suède** avec la **Norvége**; 4° la **Russie d'Europe** avec la **Pologne**.

Les sept au milieu sont: 1° la **France**; 2° la **Confédération Suisse**; 3° les **Pays-Bas**; 4° la **Belgique**; 5° l'**Allemagne**; 6° la **Prusse**; 7° l'**Autriche**.

Les cinq au sud sont: 1° l'**Espagne**; 2° le **Portugal**; 3° l'**Italie**; 4° la **Turquie d'Europe**; 5° la **Grèce**.

Nous les étudierons successivement dans l'ordre indiqué par les numéros du Programme ministériel reproduit (p. 1) et en commençant par la France.

FRANCE (1).

2. Situation et Limites. — La **France**, le pays le plus occidental de l'Europe centrale, est bornée, au N., par l'Allemagne, la Prusse Rhénane et la Belgique; au N. O., par le Pas-de-Calais et la Manche; à l'O., par l'Océan Atlantique; au S., par les Pyrénées, qui la séparent de l'Espagne, et par la Méditerranée; à l'E., par les Alpes, le Jura et le Rhin, qui la séparent de l'Italie, de la Suisse et de l'Allemagne.

3. Grandes Divisions territoriales. — La France étant le plus compacte des grands États Européens, ne comporte pas d'autre division territoriale que celle qui est formée naturellement par les bassins des fleuves et des rivières (voir chap. II). On peut cependant répartir les divisions administratives qui y ont été établies en trois grandes régions, savoir: 1° région du **Nord**, 2° celle du **Centre**, 3° celle du **Midi**.

---

(1) La géographie de la France étant étudiée avec de grands détails dans une autre partie du cours, nous ne la donnerons ici que d'une manière fort abrégée.

Voir pour cette étude, dans l'Atlas de M. Ansart, la carte de la FRANCE PAR DÉPARTEMENTS.

POPULATION. — RELIGION. — GOUVERNEMENT.

Avant l'année 1790, la France était divisée administrativement en 40 **gouvernements**, dont 32 grands et 8 petits; ces derniers étaient enclavés dans les grands, à l'exception du huitième, formé par l'île de Corse, située dans la Méditerranée. Deux autres provinces, la *Savoie* et le *Comté de Nice*, ont été réunis à la France par le traité de Turin (1860). Aujourd'hui la France est divisée en 89 départements, qui ont pris leurs noms des rivières qui les traversent, des fontaines, montagnes ou rochers qui s'y trouvent, ou des mers qui en baignent les côtes; ceux qui sont formés de la Savoie ont conservé le nom de leur province.

La **Région du Nord** comprenait 14 des gouvernements anciens, dont 8 grands et 6 petits, lesquels forment aujourd'hui 23 départements. — Le **Centre**, qui comprenait 18 gouvernements anciens, dont un seul petit, forme aujourd'hui 35 départements. — Le **Midi** enfin, qui comprenait 8 gouvernements, dont un petit, plus les deux provinces annexées en 1860, forme actuellement 31 départements.

4. POPULATION. RELIGION. GOUVERNEMENT. NOTIONS DIVERSES. — La **population** de la France, d'après le dernier recensement, est de plus de 37 millions d'habitants.

La **religion** catholique est celle de l'immense majorité des Français; les provinces de l'E. et du S. renferment un assez grand nombre de protestants. — Le **gouvernement** est un empire héréditaire dont le chef a la plénitude du pouvoir exécutif et participe au pouvoir législatif. Les grands corps de l'État sont le *Sénat*, gardien de la Constitution; le *Corps législatif*, qui vote les lois, et le *Conseil d'État*, qui les prépare et domine l'administration.

Le climat de la France est généralement tempéré, et l'air salubre. Les régions du N. O., plus humides et plus froides que le reste du pays, sont, presque partout, d'une grande fertilité en grains de toute espèce; elles abondent en excellents pâturages qui nourrissent de superbes bestiaux; mais elles ne produisent pas de vin; il y est remplacé par la bière et le cidre. Les contrées de l'E. et du S. fournissent les meilleurs vins d'Europe, connus sous les noms de *Champagne*, de *Bourgogne* et de *Bordeaux*. Le S. E., abrité par les montagnes contre les vents froids du N., et humides de l'O. et du N. O., voit mûrir les fruits des pays chauds, tels que l'olive, l'orange, le citron, la grenade, etc. — On trouve en France des mines de fer, de plomb, de cuivre et de charbon. L'industrie de ses habitants leur a fourni les moyens d'égaler, et même de surpasser les produits manufacturés des pays étrangers; les draps, les tapis, les porcelaines, les soieries surtout y ont atteint une grande perfection.

5. POSSESSIONS HORS D'EUROPE ET COLONIES. — La

France, outre son territoire européen, possède dans les autres parties du monde des contrées qui, sous le nom de *colonies*, lui servent à faire connaître et respecter sa puissance par des États éloignés, et à étendre ses relations commerciales pour l'écoulement des produits de son industrie. Ces colonies sont répandues en Afrique, en Asie, en Amérique et en Océanie.

I. Les colonies d'**Afrique** sont :

1° L'**Algérie**, la plus considérable de toutes les possessions françaises. Elle se divise en trois provinces et a pour capitale ALGER (*voir* n° 169).

2° Le **Sénégal**, divisé en trois arrondissements, dont deux formés d'établissements situés sur le fleuve Sénégal. — SAINT-LOUIS, dans une île du fleuve près de l'embouchure, est la capitale de toute la colonie, le chef-lieu de l'arrondissement de son nom, qui comprend la province du *Oualo*, conquise en 1854 (14,000 habitants), et le *Cayor*, avec les comptoirs fortifiés de *Richard-Toll*, *Merinaghen*, *Daghana*, *Podor*, etc. — BAKEL (2,500 habitants) est le chef-lieu de l'arrondissement qui comprend le cours supérieur du fleuve et les comptoirs de *Medine*, *Senoudebou*, *Kenieba*, *Podor*, etc.

L'arrondissement de Gorée, chef-lieu GORÉE (5,000 habitants), dans une petite île, près du cap Vert, comprend : les établissements de *Dakar*, *Rufisque*, *Joal*, *Portudal*, dans le *Saloum*, et ceux de *Sedhiou* et *Carabane* sur la Casamance.

3° La **Guinée** comprend les établissements de *Grand-Bassam* et d'*Assinie*, à l'entrée N. O. du golfe de Guinée, et celui de *Gabon*, sous l'équateur, au S. du golfe de Biafra.

4° L'**Ile de la Réunion**, au S. E. de l'Afrique, dans la mer des Indes, chef lieu SAINT-DENIS (49,000 habitants). — *Saint-Pierre*, port en construction, le seul que possède la colonie ; on y rattache les établissements de *Sainte-Marie*, de *Nossibéh* et de *Mayotte*, formés dans de petites îles voisines de Madagascar.

II. Les colonies en **Asie** sont, 1° dans l'**Hindoustan** : Quelques comptoirs : *Mahé*, sur la côte de Malabar ; *Karikal*, sur celle de Coromandel ; au N. de celle-ci, sur la même côte, est PONDICHÉRY, capitale des établissements français ; plus au N., *Yanaon*, et enfin *Chandernagor*, sur l'Hougly, l'une des branches du Gange. — 2° L'**Indochine française**, au S. de la contrée de ce nom, arrosée par le grand fleuve May'kong, capitale **Saïgon**.

III. Les colonies en **Amérique** sont : dans les Antilles, la **Guadeloupe**, dont la BASSE-TERRE est la capitale. —

La **Martinique**, capitale FORT-DE-FRANCE, résidence du gouverneur des Antilles, et les petites îles de *la Désirade*, de *Marie-Galande*, et *Saint-Martin*, laquelle appartient pour moitié aux Hollandais. — Les îles de *Saint-Pierre* et de *Miquelon*, situées près du banc de Terre-Neuve. — La **Guyane française**, située dans l'Amérique du S., dont les principales sont CAYENNE, chef-lieu de la colonie, et *Sinnamary*.

IV. Dans l'**Océanie**, la France possède: les îles *Marquises*, les îles de la *Société*: PAPEÏTI, situé dans l'île de Tahiti, est la résidence du gouverneur; les îles *Wallis* et *Gambier*, et enfin la *Nouvelle-Calédonie*, plus à l'O., non loin de l'Australie.

QUESTIONNAIRE. — 1. En combien de parties divise-t-on l'Europe? — Combien sont contenues dans le Nord? — Combien sont situées au Centre et combien au Midi? — 2. Quelles sont la situation et les limites de la France? — 3. Comment peut-on diviser la France? — Quelle était son ancienne division administrative? — Quelle est celle en usage aujourd'hui? — Indiquez le nombre des provinces et le nombre des départements compris dans chacune des grandes divisions de la France. — 4. Quelle est la population de la France? — Quels sont la religion et le gouvernement? — Faites connaître le climat et les productions de la France. — 5. Dans quelles contrées la France possède-t-elle des colonies? — Quelles sont les colonies d'Afrique? — Quelles sont les colonies en Asie... en Amérique... en Océanie?

CHAPITRE DEUXIÈME

FRANCE PAR BASSINS.

CAPITALE. — VILLES PRINCIPALES.

SOMMAIRE.

6. La France se divise en 5 BASSINS FLUVIAUX : ceux du Rhin au N. E., de la Seine au N. O., de la Loire au Centre, de la Gironde au S. O., et du Rhône au S. E. — Ils renferment chacun plusieurs bassins secondaires. — On compte en outre un certain nombre de bassins côtiers.

7. Le bassin du RHIN comprend les bassins secondaires de la Moselle et de la Meuse, plus le bassin du Rhin proprement dit, lequel forme

DIVISIONS DE LA FRANCE

2 départements : — 1º Haut-Rhin, chef-lieu Colmar ; — 2º Bas-Rhin, ch.-l. Strasbourg.

8. Le bassin de la MOSELLE, 3 départements : — 1º Vosges, ch.-l. Épinal ; — 2º Meurthe, ch.-l. Nancy ; — 3º Moselle, ch.-l. Metz.

9. Le bassin de la MEUSE, 2 départements : — 1º Meuse, ch.-l. Bar-le-Duc ; — 2º Ardennes, ch.-l. Mézières.

10. Le bassin de l'ESCAUT, 2 départements : — 1º Nord, ch.-l. Lille ; 2º Pas-de-Calais, ch.-l. Arras.

11. Le bassin de la SOMME, 1 département : — Somme, ch.-l. Amiens.

12. Le bassin de la SEINE renferme les bassins secondaires de la Marne, de l'Oise, de l'Yonne et de l'Eure, plus le bassin de la Seine proprement dit qui comprend 6 départements : — 1º Aube, ch.-l. Troyes ; — 2º Seine-et-Marne, ch.-l. Melun ; — 3º Seine-et-Oise, ch.-l. Versailles ; — 4º Seine, ch.-l. Paris ; — 5º Seine-Inférieure, ch.-l. Rouen ; — 6º Eure, ch.-l. Évreux.

13. Le bassin secondaire de la MARNE, 2 départements : — 1º Haute-Marne, ch.-l. Chaumont ; — 2º Marne, ch.-l. Châlons-sur-Marne.

14. Le bassin de l'OISE, 2 départements : — 1º Aisne, ch.-l. Laon ; — 2º Oise, ch.-l. Beauvais.

15. Le bassin de l'YONNE, 1 département : — Yonne, ch.-l. Auxerre.

16. Le bassin de l'EURE, 1 département : — Eure-et-Loir, ch.-l. Chartres.

17. Le bassin côtier de l'ORNE, 2 départements : — 1º Orne, ch.-l. Alençon ; — 2º Calvados, ch.-l. Caen.

18. Le bassin côtier de la VIRE, 1 département : — Manche, ch.-l. Saint-Lô.

19. Le bassin côtier de la VILAINE, 1 département : — Ille-et-Vilaine, ch.-l. Rennes.

20. Les bassins côtiers de l'ancienne BRETAGNE, comprenant 3 départements : — 1º Finistère, ch.-l. Quimper ; — 2º Côtes-du-Nord, ch.-l. Saint-Brieuc ; — 3º Morbihan, ch.-l. Vannes.

21. Le bassin de la LOIRE comprend les bassins secondaires de l'Allier, du Cher, de l'Indre, de la Vienne et de la Maine, plus le bassin de la Loire proprement dit, lequel forme 8 départements : — 1º Haute-Loire, ch.-l. le Puy ; — 2º Loire, ch.-l. Saint-Étienne ; — 3º Nièvre, ch.-l. Nevers ; — 4º Loiret, ch.-l. Orléans ; — 5º Loir-et-Cher, ch.-l. Blois ; — 6º Indre-et-Loire, ch.-l. Tours ; — 7º Maine-et-Loire, ch.-l. Angers ; — 8º Loire-Inférieure, ch.-l. Nantes.

22. Le bassin secondaire de l'ALLIER, 2 départements : — 1º Puy-de-Dôme, ch.-l. Clermont ; — 2º Allier, ch.-l. Moulins.

23. Le bassin du CHER, 1 département : — Cher, ch.-l. Bourges.

24. Le bassin de l'INDRE, 1 département : — Indre, ch.-l. Châteauroux.

25. Le bassin de la VIENNE, 3 départements : — 1º Haute-Vienne, ch.-l. Limoges ; — 2º Vienne, ch.-l. Poitiers ; — 3º Creuse, ch.-l. Guéret.

26. Le bassin de la MAINE, 2 départements : — 1º Mayenne, ch.-l. Laval ; — 2º Sarthe, ch.-l. le Mans.

27. Le bassin côtier des DEUX-SÈVRES, 2 départements : — 1º Vendée, ch.-l. Napoléon-Vendée ; — 2º Deux-Sèvres, ch.-l. Niort.

28. Le bassin côtier de la CHARENTE, 2 départements : — 1º Charente, ch.-l. Angoulême ; — 2º Charente-Inférieure, ch.-l. la Rochelle.

29. Le bassin de la GIRONDE, formé de ceux de la Dordogne et de la Garonne, comprend : Le bassin de la Dordogne, 3 départements : — 1º Cantal, ch.-l. Aurillac ; — 2º Corrèze, ch.-l. Tulle ; — 3º Dordogne, ch.-l. Périgueux.

PAR BASSINS.

30. Le bassin de la GARONNE, 7 départements : — 1° *Haute-Garonne*, ch.-l. Toulouse ; — 2° *Ariége*, ch.-l. Foix ; — 3° *Tarn-et-Garonne*, ch.-l. Montauban ; — 4° *Gers*, ch.-l. Auch ; — 5° *Lot*, ch.-l. Cahors ; 6° *Lot-et-Garonne*, ch.-l. Agen ; — 7° *Gironde*, ch.-l. Bordeaux. — Le bassin secondaire du Tarn, 3 départements : — 1° *Lozère*, ch.-l. Mende ; — 2° *Aveyron*, ch.-l. Rodez ; — 3° *Tarn*, ch.-l. Alby.
31. Le bassin côtier de l'ADOUR, 3 départements : — 1° *Hautes-Pyrénées*, ch.-l. Tarbes ; — 2° *Basses-Pyrénées*, ch.-l. Pau ; — 3° *Landes*, ch.-l. Mont-de-Marsan.
32. Le bassin côtier de la TET, 1 département : — *Pyrénées-Orientales*, ch.-l. Perpignan.
33. Le bassin côtier de l'AUDE, 1 département : — *Aude*, ch.-l. Carcassonne.
34. Le bassin côtier de l'HÉRAULT, 1 département : — *Hérault*, ch.-l. Montpellier.
35. Le bassin du RHÔNE comprend ceux de la Saône, de l'Isère et de la Durance ; le bassin proprement dit est formé de 8 départements : — 1° *Haute-Savoie*, ch.-l. Annecy ; — 2° *Ain*, ch.-l. Bourg ; — 3° *Rhône*, ch.-l. Lyon ; — 4° *Ardèche*, ch.-l. Privas ; — 5° *Gard*, ch.-l. Nimes ; — 6° *Drôme*, ch.-l. Valence ; — 7° *Vaucluse*, ch.-l. Avignon ; — 8° *Bouches-du-Rhône*, ch.-l. Marseille.
36. Le bassin secondaire de la SAÔNE comprend 5 départements : — 1° *Haute-Saône*, ch.-l. Vesoul ; — 2° *Côte-d'Or*, ch.-l. Dijon ; — 3° *Saône-et-Loire*, ch.-l. Mâcon ; — 4° *Doubs*, ch.-l. Besançon ; — 5° *Jura*, ch.-l. Lons-le-Saulnier.
37. Le bassin de l'ISÈRE, 2 départements : — 1° *Savoie*, ch.-l. Chambéry ; — 2° *Isère*, ch.-l. Grenoble.
38. Le bassin secondaire de la DURANCE, 2 départements : — 1° *Hautes-Alpes*, ch.-l. Gap ; — 2° *Basses-Alpes*, ch.-l. Digne.
39. Les bassins côtiers de l'ARGENS et du VAR forment 2 départements : — 1° *Var*, ch.-l. Draguignan ; — 2° *Alpes-Maritimes*, ch.-l. Nice.
40. La Corse, 1 département : — *Corse*, ch.-l. Ajaccio.
41. Tableau des départements comparés aux anciennes provinces.

6. DIVISIONS DE LA FRANCE PAR BASSINS. — La France se divise en 5 grands bassins fluviaux, savoir : le **bassin du Rhin** au N. E., celui de la **Seine** au N. O., celui de la **Loire** au Centre, celui de la **Gironde** au S. O. et celui du **Rhône** au S. E.

A chacun de ces grands bassins se rattachent un certain nombre de bassins secondaires formés par les plus importants affluents de ces fleuves. — Il existe en outre un certain nombre de **bassins côtiers**; on nomme ainsi le bassin des rivières qui se jettent directement à la mer, après un cours peu considérable, arrosant des pays voisins de la mer.

Nous allons successivement indiquer les départements compris dans chaque bassin, en commençant par le N. E.

7. DÉPARTEMENTS COMPRIS DANS LE BASSIN DU RHIN. — Le bassin du Rhin comprend, outre celui du **Rhin**, les bassins secondaires de la **Moselle** et de la **Meuse**. — Le bassin du Rhin proprement dit forme deux départements, savoir :

Celui du BAS-RHIN, au N. — Chef-lieu, STRASBOURG, ville très-forte, sur l'Ill, à peu de distance de son embouchure dans le Rhin; évêché; ancienne capitale de l'Alsace. — Ce département compte 3 sous-préfectures, *Schélestadt*, *Saverne* et *Wissembourg*.

Celui du HAUT-RHIN, au S. du précédent. — Chef-lieu, COLMAR, sur l'Ill, cour impériale. — 2 sous-préfectures : *Béfort*, place forte, et *Mulhouse*, fameuse par ses fabriques de toiles peintes.

8. BASSIN SECONDAIRE DE LA MOSELLE. — Il comprend trois départements, savoir :

Celui de la MOSELLE, au N. — Chef-lieu, METZ, sur la Moselle; évêché, place forte, cour impériale. — 3 sous-préfectures : *Thionville*, *Sarreguémines*, places fortes, et *Briey*.

Celui de la MEURTHE, au S. du précédent. — Chef-lieu, NANCY, sur la Meurthe; cour impériale, évêché; ancienne capitale de la Lorraine. — 4 sous-préfectures : *Toul*, *Château-Salins*, qui tire son nom de ses salines, *Lunéville* et *Sarrebourg*.

Celui des VOSGES, au S. du précédent. — Chef-lieu, ÉPINAL, sur la Moselle. — 4 sous-préfectures : *Saint-Dié*, évêché; *Mirecourt*, *Remiremont* et *Neufchâteau*, au N. O. de laquelle se trouve *Domremy*, village où naquit Jeanne d'Arc. — Ville remarquable, *Plombières*, renommée par ses bains chauds naturels.

9. BASSIN SECONDAIRE DE LA MEUSE. — Il comprend deux départements, savoir :

Celui des ARDENNES, au N. — Chef-lieu, MÉZIÈRES, sur la Meuse, ville bien fortifiée et unie par un pont avec *Charleville*, siège de la cour d'assises; ville construite régulièrement. — 4 sous-préfectures : *Sedan*, patrie de Turenne, est renommée par ses draps; *Rocroy*, où le grand Condé, alors duc d'Enghien, remporta, le 19 mai 1643, une brillante victoire sur les Espagnols; *Réthel* et *Vouziers*.

Celui de la MEUSE, à l'O. — Chef-lieu, BAR-LE-DUC, sur l'Ornain. — 3 sous-préfectures : *Montmédy*, *Verdun*, évêché, et *Commercy*, place forte.

10. BASSIN CÔTIER DE L'ESCAUT. — Il comprend deux départements, savoir :

Le département du NORD. — Chef-lieu, LILLE, ancienne capitale de la Flandre française, l'une des plus fortes places de la France ; défendue, en 1792, par le courage de ses habitants, contre les Autrichiens, qui la bombardèrent pendant huit jours (124,000 habitants). — 6 sous-préfectures : *Douai*, cour impériale ; *Dunkerque*, port sur la mer du Nord, patrie du fameux marin Jean Bart ; *Cambrai*, archevêché, ville forte, qui a eu Fénelon pour évêque ; *Valenciennes*, *Avesnes* et *Hazebrouck*. — Lieux remarquables : *Cassel*, situé sur une montagne, d'où l'on aperçoit trente-deux villes, et qui a donné son nom à trois grandes batailles ; — *Bouvines*, célèbre par la victoire qu'y remporta Philippe-Auguste en 1214 ; — *Malplaquet*, où le prince Eugène et Marlborough gagnèrent, en 1709, la bataille qui força Louis XIV à demander la paix ; — *Denain*, où Villars sauva la France en 1712.

Celui du PAS-DE-CALAIS, au S. O. — Chef-lieu, ARRAS, ancienne capitale de l'Artois, évêché, ville forte. — 5 sous-préfectures : *Boulogne*, port sur le Pas-de-Calais ; *Saint-Omer*, place forte, au S. de laquelle se trouve le village d'*Azincourt*, où les Français perdirent une grande bataille contre les Anglais, en 1415, sous le règne de Charles VI ; *Béthune*, *Saint-Pol* et *Montreuil*. — Villes remarquables : *Calais*, port sur le détroit auquel elle donne son nom ; *Lens*, au N. d'Arras, célèbre par la victoire que le duc d'Enghien remporta dans ses plaines sur les Espagnols, en 1648.

11. BASSIN CÔTIER DE LA SOMME. — Il ne comprend qu'un seul département, celui de la SOMME. — Chef-lieu, AMIENS, sur la Somme ; évêché, cour impériale. — 4 sous-préfectures : *Péronne*, ville très-forte, au milieu de marais formés par la Somme ; *Abbeville*, sur la même rivière ; *Montdidier*, patrie de Parmentier, qui a introduit en France la culture de la pomme de terre ; *Doullens*, au N. O., sur l'Authie. — Lieu remarquable : *Crécy*, où Philippe de Valois perdit, en 1346, contre Édouard III, roi d'Angleterre, une funeste bataille qui coûta aux Français plus de soixante mille hommes.

12. BASSIN DE LA SEINE. — Le bassin de la Seine se compose du **bassin de la Seine proprement dit** et de **4 bassins secondaires**, savoir : ceux de la **Marne** et de l'**Oise** sur la rive droite, et ceux de l'**Yonne** et de l'**Eure** sur la rive gauche. — Le bassin de la **Seine** proprement dit comprend 6 départements, savoir :

Celui de l'AUBE, qui doit son nom à la rivière qui s'y réunit à la Seine. — Chef-lieu, TROYES, sur la Seine, évêché ; ancienne capitale de la Champagne. — 4 sous-préfectures : *Arcis-sur-Aube*, *Bar-sur-Aube*, *Bar-sur-Seine*, *Nogent-sur-Seine*.

Celui de SEINE-ET-MARNE, à l'O. du précédent. — Chef-lieu, MELUN, sur la Seine. — 4 sous-préfectures : *Meaux*, sur la Marne, évêché, qui a eu Bossuet pour évêque ; *Fontainebleau*, célèbre par son magnifique château et par sa forêt ; *Coulommiers* et *Provins*.

Celui de SEINE-ET-OISE, à l'O. du précédent. — Chef-lieu, VERSAILLES, évêché, remarquable par le magnifique château bâti par Louis XIV, lequel fut, jusqu'à la révolution, la résidence des rois. — 5 sous-préfectures : *Mantes (la Jolie)*, sur la Seine ; *Pontoise*, *Corbeil*, *Étampes*, *Rambouillet*. — Lieux remarquables : *Saint-Cyr*, école militaire ; *Saint-Germain* et *Saint-Cloud*, célèbres par leurs beaux châteaux ; le premier a vu naître Louis XIV.

Celui de la SEINE, enclavé dans Seine-et-Oise. — Chef-lieu, PARIS, sur la Seine. Cette ville, l'une des plus belles et des plus considérables du monde, est le siège du gouvernement, résidence de l'empereur, du sénat, du corps législatif, du conseil d'État et de la cour de cassation ; elle possède un archevêché, une cour impériale, et un nombre considérable de grands établissements scientifiques et artistiques. Sa population est de plus de 1,700,000 habitants. — 2 sous-préfectures : *Saint-Denis*, célèbre par son antique abbaye, dont l'église servait de sépulture aux rois de France ; *Sceaux*, où se tient l'un des grands marchés de bestiaux pour l'approvisionnement de la capitale.

Celui de la SEINE-INFÉRIEURE, au N. O. — Chef-lieu, ROUEN, à l'O., sur la Seine, archevêché, cour impériale ; ville ancienne, et l'une des plus importantes de la France par son commerce et par sa population ; patrie des deux Corneille et de Fontenelle (95,000 habitants). — 4 sous-préfectures : *le Havre* et *Dieppe*, ports sur la Manche ; le premier, fort important, à l'embouchure de la Seine ; *Neufchâtel* et *Yvetot*, dont les seigneurs paraissent avoir porté le titre de rois, vers l'an 535. — Ville remarquable : *Elbeuf*, célèbre par ses draps.

Celui de l'EURE, au S. du précédent. — Chef-lieu, ÉVREUX, évêché. — 4 sous-préfectures : *les Andelys*, *Bernay*, *Pont-Audemer* et *Louviers*, renommé pour ses draps. — Lieu remarquable : le bourg d'*Ivry*, dans les plaines duquel Henri IV vainquit le duc de Mayenne, en 1590.

15. BASSIN DE LA MARNE. — Il comprend deux départements, savoir :

Celui de la HAUTE-MARNE, au S. du département de la Meuse. — Chef-lieu, CHAUMONT *en Bassigny*, sur la Marne.

BASSIN DE L'EURE. 11

— 2 sous-préfectures : Vassy et Langres, évêché, qui possède de belles antiquités.

Celui de la MARNE, au N. O. du précédent. — Chef-lieu, CHALONS-SUR-MARNE. — Sous-préfectures : Reims, sur la Vesle, archevêché; ville très ancienne, où se faisait le sacre des rois de France, et la plus importante du département; Épernay, célèbre par ses vins de champagne; Sainte-Menehould et Vitry-le-Français.

14. BASSIN DE L'OISE. — Il comprend deux départements, savoir :

Celui de l'AISNE, au N. E. — Chef-lieu, LAON, sur une montagne, — 4 sous-préfectures : Saint-Quentin, sur la Somme, à l'endroit où elle reçoit le canal du même nom, ville très-industrieuse; Soissons, ville très-ancienne où Clovis fixa le siége de son empire, après y avoir vaincu Syagrius, en 486; Vervins et Château-Thierry, patrie du bon La Fontaine. — Lieu remarquable : la Ferté-Milon, patrie de Racine.

Celui de l'OISE, au S. O. du précédent. — Chef-lieu, BEAUVAIS, évêché, patrie de l'illustre Jeanne Hachette; cette femme se couvrit de gloire en défendant la ville contre Charles le Téméraire, qui l'assiégeait à la tête de 80,000 hommes, en 1472. — 3 sous-préfectures : Compiègne, sur l'Oise, avec un château impérial et une belle forêt; Clermont et Senlis.

15. BASSIN DE L'YONNE. — Il comprend le département de l'YONNE, le plus méridional de tout le bassin de la Seine. — Chef-lieu, AUXERRE, sur l'Yonne. — 4 sous-préfectures : Sens, archevêché; Joigny, Tonnerre, Avallon; fameuses par leurs vins.

16. BASSIN DE L'EURE. — Il comprend, au moins en partie, le département d'EURE-ET-LOIR, au N. O.; il renferme l'ancienne Beauce, célèbre par sa fertilité. — Chef-lieu, CHARTRES, sur l'Eure, évêché, avec une cathédrale remarquable. Henri IV y fut sacré en 1591. — 3 sous-préfectures : Dreux, remarquable par la bataille de 1562; Châteaudun et Nogent-le-Rotrou.

17. BASSIN CÔTIER DE L'ORNE. — Il comprend deux départements, savoir :

Celui de l'ORNE, à l'O. du précédent. — Chef-lieu, ALENÇON, sur la Sarthe, remarquable par ses dentelles. — 3 sous-préfectures : Mortagne, Argentan et Domfront. — Séez, évêché.

Celui du CALVADOS, au N. du précédent. — Chef-lieu, CAEN, sur l'Orne, cour impériale, patrie de Malherbe; — 5 sous-préfectures : Lisieux, fabrique de gros draps; Bayeux, évêché,

Falaise, célèbre par la naissance de Guillaume le Conquérant et par la foire de *Guibray*, qui se tient dans l'un de ses faubourgs ; *Pont-l'Évêque* et *Vire*.

18. Bassin côtier de la Vire. — Il comprend le département de la Manche, à l'O., ainsi nommé de la mer qui baigne les côtes. — Chef-lieu, Saint-Lô. — 5 sous-préfectures : *Cherbourg*, sur la Manche, beau port pour la marine de guerre, la ville la plus importante du département, préfecture maritime ; *Coutances*, évêché ; *Avranches*, au S., jolie ville, dans une charmante position ; *Valognes* et *Mortain*.

19. Bassin côtier de la Vilaine. — Il comprend le département d'Ille-et-Vilaine, au S. O. du précédent. — Chef-lieu, Rennes, sur la Vilaine, cour impériale, archevêché, ancienne capitale de la Bretagne. — 5 sous-préfectures : *Saint-Malo*, port sur la Manche ; *Redon*, *Montfort*, *Vitré* et *Fougères*.

20. Bassins côtiers de la Bretagne. — L'ancienne province de Bretagne forme plusieurs petits bassins côtiers et renferme 3 départements, savoir :

Celui du Finistère, ainsi nommé de sa position à l'extrémité la plus occidentale de la France. — Chef-lieu, Quimper, évêché. — 4 sous-préfectures : *Brest*, sur l'Océan, l'un des meilleurs et des plus beaux ports de l'Europe, et l'un des principaux arsenaux de la marine de guerre, préfecture maritime (68,000 habitants) ; *Morlaix*, port commerçant ; *Châteaulin* et *Quimperlé*. — Les îles d'Ouessant, situées sur la côte de ce département, en font partie.

Celui des Côtes-du-Nord, à l'E. du précédent. — Chef-lieu, Saint-Brieuc, près de la mer, évêché. — 4 sous-préfectures : *Dinan*, *Guingamp*, *Lannion* et *Loudéac*.

Celui du Morbihan, au S. du précédent. Il doit son nom à une espèce de golfe formé par l'Océan sur sa côte méridionale. — Chef-lieu, Vannes, près du Morbihan, évêché. — 8 sous-préfectures : *Lorient*, port de guerre à l'embouchure du Blavet, préfecture maritime ; *Ploërmel*, *Napoléonville* (*Pontivy*). — Au S. O. de Vannes se trouve la presqu'île de *Quiberon*, rendue tristement célèbre, en 1795, par le débarquement d'un corps d'émigrés qui y fut anéanti. — Vis-à-vis de cette presqu'île se trouve Belle-Isle, qui a 25 kilomètres de long sur 9 de large et 10,000 habitants.

21. Bassin de la Loire. — Ce bassin se compose du **bassin de la Loire proprement dit**, et de cinq bassins secondaires, savoir : ceux de l'**Allier**, du **Cher**, de l'**Indre**, de la **Vienne** sur sa rive gauche, et celui de la **Maine** sur sa rive droite.

Le bassin de la Loire proprement dit se compose de huit départements, savoir :

Celui de la HAUTE-LOIRE. — Chef-lieu, LE PUY, près de la Loire, remarquable par sa fabrication de dentelles noires; évêché. — 2 sous-préfectures : *Brioude*, dans l'ancienne Auvergne, et *Yssengeaux*.

Celui de la LOIRE, au N. du précédent. — Chef-lieu, SAINT-ÉTIENNE, sur le *Furens*, dont les eaux excellentes pour la trempe de l'acier ont rendu célèbre sa fabrique d'armes. Importantes manufactures de rubans de soie (94,000 habitants). Les environs fournissent beaucoup de charbon de terre. — 2 sous-préfectures : *Roanne*, sur la Loire, ville très-commerçante, et *Montbrison*, ancien chef-lieu.

Le département de la NIÈVRE, au N. du précédent. — Chef-lieu, NEVERS, sur la Loire, évêché, ancienne capitale de la province du Nivernais. — 3 sous-préfectures : *Cosne*, fonderie de canons et d'ancres, et fabrique de coutellerie; *Château-Chinon* et *Clamecy*.

Celui du LOIRET, au N. O. du précédent. — Chef-lieu, ORLÉANS, sur la Loire, ancienne capitale de l'Orléanais, cour impériale, évêché; fameuse par deux sièges qu'elle soutint, le premier contre Attila, en 450, et le second, en 1428, contre les Anglais, que le courage de Jeanne d'Arc força à se retirer. — 3 sous-préfectures : *Montargis*, *Gien* et *Pithiviers*.

Celui de LOIR-ET-CHER, au S. O. du précédent. — Chef-lieu, BLOIS, sur la Loire, que l'on y passe sur un beau pont; évêché. Ce fut dans le château de cette ville que le duc et le cardinal de Guise furent assassinés, aux États généraux qui y avaient été convoqués par Henri III en 1588; patrie du bon roi Louis XII. — 2 sous-préfectures : *Romorantin* et *Vendôme*, célèbre par les princes qui ont porté son nom.

Le département d'INDRE-ET-LOIRE, au S. O. du précédent. — Chef-lieu, TOURS, dans une belle plaine, entre la Loire et le Cher, archevêché. A un kilomètre de cette ville se trouvait le château du *Plessis-lez-Tours*, où Louis XI passa les dernières années de sa vie. — 2 sous-préfectures : *Loches* et *Chinon*, où Charles VII tint sa cour pendant l'occupation de la presque totalité de son royaume par les Anglais.

Le département de MAINE-ET-LOIRE, à l'O. du précédent. — Chef-lieu, ANGERS, sur la Maine, formée un peu au-dessus par la réunion de la Sarthe avec la Mayenne, ancienne capitale de l'Anjou, cour impériale, évêché. — 4 sous-préfectures : *Saumur*, sur la rive gauche de la Loire, école de cavalerie; *Beaugé, Segré, Cholet*.

Celui de la LOIRE-INFÉRIEURE, à l'O. du précédent. — Chef-lieu, NANTES, sur la Loire, évêché; l'une des villes les plus considérables de France; fameuse par l'édit qu'y donna Henri IV, en faveur des Calvinistes, en 1598, et qui fut révoqué par Louis XIV, en 1685 (114,000 habitants). — 4 sous-préfectures : *Paimbœuf, Savenay, Châteaubriant et Ancenis*. — On doit encore citer *Saint-Nazaire*, à l'embouchure de la Loire, port dont l'importance s'accroît rapidement.

22. BASSIN DE L'ALLIER. — Il comprend deux départements, savoir :

Celui du PUY-DE-DÔME, au S. — Chef-lieu, CLERMONT, évêché, près de la montagne qui donne son nom au département. Ce fut dans un concile qui s'y tint, en 1095, que fut résolue la première croisade; patrie de Pascal. — 4 sous-préfectures : *Riom*, cour impériale; au milieu de la plaine de la *Limagne d'Auvergne*, renommée par sa fertilité; *Ambert, Thiers, Yssoire*.

Le département de l'ALLIER, au N. du précédent. — Chef-lieu, MOULINS, sur l'Allier, renommée par sa coutellerie, évêché. — 3 sous-préfectures : *Gannat, la Palisse et Montluçon*. — *Vichy* et *Néris*, lieux remarquables par leurs eaux minérales, sont aussi dans ce département.

23. BASSIN DU CHER. — Il ne comprend que le département du CHER, au S. de celui du Loiret. — Chef-lieu, BOURGES, situé à peu près au centre de la France, archevêché, cour impériale, patrie de Louis XI. — 2 sous-préfectures : *Saint-Amand et Sancerre*, fameuse par le siége qu'elle soutint en 1573 et 1574, contre le roi Charles IX, et pendant lequel la famine força les habitants à manger les animaux les plus immondes.

24. BASSIN DE L'INDRE. — Il ne comprend que le département de l'INDRE, au S. O. du précédent. — Chef-lieu, CHATEAUROUX, sur l'Indre; les forges des environs produisent le meilleur fer de France; — 3 sous-préfectures : *Issoudun, la Châtre*, sur l'Indre, *et le Blanc*.

25. BASSIN DE LA VIENNE. — Il comprend trois départements, savoir : celui de la HAUTE-VIENNE, au S. du précédent. — Chef-lieu, LIMOGES, ancienne capitale du Limosin; cour impériale, évêché ; patrie du chancelier d'Aguesseau. — 3 sous-préfectures : *Bellac, Rochechouart, Saint-Yrieix*.

Celui de la VIENNE, à l'O. du précédent. — Chef-lieu, POI-

TIERS, cour impériale, évêché. — Près de cette ville se trouvent *Vouillé*, qui a donné son nom à la bataille dans laquelle Clovis défit et tua Alaric, roi des Visigoths, en 507, et *Maupertuis*, où se livra, en 1356, la funeste bataille où le roi Jean fut fait prisonnier par les Anglais. — 4 sous-préfectures : *Châtellerault*, renommée par sa coutellerie et sa fabrique d'armes blanches ; *Civray, Loudun, Montmorillon*.

Celui de la CREUSE, à l'O. de la Haute-Vienne. — Chef-lieu, GUÉRET, ancienne capitale de la Marche. — 3 sous-préfectures : *Aubusson*, renommée pour ses manufactures de tapis ; *Bourganeuf* et *Boussac*.

26. BASSIN DE LA MAINE. — Il comprend deux départements, savoir :

Celui de la MAYENNE, à l'O. — Chef-lieu, LAVAL, sur la Mayenne, évêché, renommée par ses fabriques de toiles. — 2 sous-préfectures : *Château-Gonthier* et *Mayenne*.

Celui de la SARTHE, à l'E. du précédent. — Chef-lieu, LE MANS, sur la Sarthe, évêché, ancienne capitale du Maine. — 3 sous-préfectures : *la Flèche*, sur le Loir, possède un magnifique collége fondé par Henri IV, en 1603 ; cet établissement est aujourd'hui affecté au Prytanée impérial, ou collége préparatoire à l'École militaire de ; *Saint-Cyr* ; *Mamers* et *Saint-Calais*.

27. BASSIN DES DEUX-SÈVRES. — Il comprend 2 départements, savoir :

Celui de la VENDÉE, à l'O., fameux par les guerres dont ces contrées ont été le théâtre. — Chef-lieu, NAPOLÉON-VENDÉE. — 2 sous-préfectures : *les Sables d'Olonne*, port sur l'Océan, et *Fontenay*. — *Luçon*, évêché. Les îles de NOIRMOUTIERS et DIEU, situées sur la côte de ce département, en font aussi partie.

Celui des DEUX-SÈVRES, à l'E. du précédent. — Chef-lieu, NIORT, sur la Sèvre-Niortaise. — 3 sous-préfectures : *Bressuire* et *Parthenay*, célèbres dans les guerres de la Vendée, et *Melle*.

28. BASSIN CÔTIER DE LA CHARENTE. — Il comprend 2 départements, savoir :

Le département de la CHARENTE, au S. E. du précédent. — Chef-lieu, ANGOULÊME, évêché, sur une montagne, près de la Charente, renommée par ses eaux-de-vie. — 3 sous-préfectures : *Barbezieux, Confolens* et *Ruffec*. — Villes remarquables : *Cognac*, célèbre par ses eaux-de-vie ; *Jarnac*, où Henri III remporta, en 1569, une victoire sur les calvinistes commandés par le prince de Condé, qui y fut tué par Montesquiou.

Le département de la CHARENTE-INFÉRIEURE, à l'O. du précédent. — Chef-lieu, LA ROCHELLE, port sur l'Océan, évêché, ancienne capitale du gouvernement d'Aunis, fameuse par le siége qu'y soutinrent les calvinistes, sous Louis XIII. — 5 sous-préfectures : *Saintes*, ancienne capitale de la Saintonge. Près de cette ville se trouve *Taillebourg*, célèbre par la victoire qu'y remporta, en 1242, sur les Anglais, saint Louis encore fort jeune ; *Rochefort*, sur la Charente, à 20 kilomètres de son embouchure, préfecture maritime, l'un des principaux arsenaux ; *Jonzac*, *Marennes* et *Saint-Jean-d'Angely*. — Les îles de RÉ et d'OLÉRON, séparées par le *pertuis d'Antioche*, font aussi partie de ce département, sur la côte duquel elles sont situées.

29. BASSIN DE LA GIRONDE. — La **Gironde**, formée de la réunion de la **Garonne** et de la **Dordogne**, écoule les eaux de ces deux rivières, ainsi que celles des 4 bassins secondaires de l'**Ariége**, du **Tarn**, du **Lot**, affluents de la rive droite de la **Garonne**, et du **Gers**, affluent de la rive gauche.

Le **bassin de la Dordogne** comprend trois départements, savoir :

Celui du CANTAL, au N. E. — Chef-lieu, AURILLAC. — 3 sous-préfectures : *Saint-Flour*, évêché, *Murat* et *Mauriac*.

Celui de la CORRÈZE, au N. O. du précédent. — Chef-lieu, TULLE, sur la Corrèze, évêché. — 2 sous-préfectures : *Ussel* et *Brives-la-Gaillarde*.

Celui de la DORDOGNE, à l'O. du précédent. — Chef-lieu, PÉRIGUEUX, sur l'Isle, évêché, ancienne capitale du Périgord. — 4 sous-préfectures : *Bergerac*, sur la Dordogne ; *Nontron*, *Ribérac* et *Sarlat*.

30. BASSIN DE LA GARONNE. — Le **bassin de la Garonne**, en y comprenant les bassins secondaires de l'**Ariége**, du **Lot** et du **Gers**, renferme 7 départements, et avec le bassin secondaire du **Tarn**, il en renferme trois autres.

1° Les sept premiers sont :

Celui de la HAUTE-GARONNE, au S. — Chef-lieu, TOULOUSE, sur la Garonne, à l'endroit où elle reçoit le canal du Midi ; ancienne capitale du Languedoc ; archevêché, cour impériale ; ville très-ancienne, célèbre par son académie des Jeux Floraux. Il s'y livra entre les Français et les Anglais, en 1814, une bataille sanglante et indécise (114,000 habit.). — 3 sous-préfectures : *Muret*, *Saint-Gaudens* et *Villefranche*.

Le département de l'ARIÉGE, au S. E. du précédent. — Chef-lieu, FOIX, sur l'Ariége. — 2 sous-préfectures : *Pamiers*, évêché fort ancien, et *Saint-Girons*.

Celui de Tarn-et-Garonne, au N. de celui de la Haute-Garonne. — Chef-lieu, Montauban, sur le Tarn, évêché; prise par le cardinal de Richelieu, en 1629, sur les calvinistes, dont elle était une des forteresses. — 2 sous-préfectures : *Castel-Sarrasin* et *Moissac.*

Celui du Gers, au S. O. du précédent. — Chef-lieu, Auch, sur le Lot, archevêché, ancienne capitale de l'*Armagnac* et de toute la Gascogne. — 4 sous-préfectures : *Lectoure, Lombez, Mirande* et *Condom.*

Celui du Lot, à l'E. des précédents. — Chef-lieu, Cahors, sur le Lot; évêché, ancienne capitale du *Quercy*, patrie du poëte Clément Marot; prise d'assaut, en 1580, par Henri IV, alors roi de Navarre. — 2 sous-préfectures : *Figeac* et *Gourdon.*

Celui de Lot-et-Garonne, au S. du précédent. — Chef-lieu, Agen, sur la Garonne, cour impériale, évêché, ancienne capitale de l'*Agénois.* — 3 sous-préfectures : *Marmande, Nérac* et *Villeneuve-sur-Lot.*

Celui de la Gironde, au N. O. — Chef-lieu, Bordeaux, sur la rive gauche de la Garonne, ancienne capitale de la *Guyenne*, archevêché, cour impériale, et l'un des ports les plus vastes et les plus commerçants de l'empire (163,000 habit.). — 5 sous-préfectures : *Blaye*, sur la Gironde, avec un fort important; *Bazas*, sur un rocher; *Libourne*, port commerçant sur la Dordogne; *la Réole* et *Lesparre.*

2° Les 3 départements du bassin secondaire du Tarn sont :

Celui de la Lozère, au N. E., traversé par les montagnes de ce nom. — Chef-lieu, Mende, sur le Lot, évêché. — 2 sous-préfectures : *Florac* et *Marvejols.*

Celui de l'Aveyron, au S. O. du précédent. — Chef-lieu, Rodez, près de l'Aveyron, évêché, ancienne capitale du *Rouergue.* — 4 sous-préfectures : *Espalion, Millau, Saint-Affrique* et *Villefranche.*

Celui du Tarn, au S. O. du précédent. — Chef-lieu, Albi, sur le Tarn, archevêché. — 3 sous-préfectures : *Castres*, sur l'Agout, prise par Louis XIII sur les protestants, en 1629; *Gaillac* et *Lavaur.*

31. Bassin côtier de l'Adour. — Il comprend 3 départements, savoir :

Celui des Hautes-Pyrénées, au S. du département du Gers. — Chef-lieu, Tarbes, sur l'Adour, ancienne capitale du *Bigorre*, où se trouvent *Bagnères* et *Baréges*, célèbres par leurs eaux minérales. — 2 sous-préfectures : *Argelès* et *Bagnères-de-Bigorre.*

Le département des BASSES-PYRÉNÉES, au S. O. du précédent. — Chef-lieu, PAU, sur le Gave, ou rivière du même nom, cour impériale; patrie de Henri IV. — 4 sous-préfectures : Bayonne, port de mer très-commerçant à l'embouchure de l'Adour, évêché; Mauléon, Oloron, Orthez.

Celui des Landes, au N. du précédent, ainsi appelé des Landes ou terres incultes qui couvrent une assez grande partie de son territoire et que l'on commence à défricher. — Chef-lieu, MONT-DE-MARSAN. — 2 sous-préfectures : Dax, sur l'Adour, et Saint-Sever. Ville remarquable, Aire, évêché.

32. BASSIN CÔTIER DE LA TET. — Il comprend le département des PYRÉNÉES-ORIENTALES. — Chef-lieu, PERPIGNAN, sur la Tet, évêché, ancienne capitale du Roussillon; ville forte. — 2 sous-préfectures : Céret, Prades. — On cite encore : Mont-Louis, forteresse bâtie par Louis XIV, ancienne capitale de la Cerdagne française.

33. BASSIN CÔTIER DE L'AUDE. — Il comprend le département de l'AUDE, au N. E. du précédent. — Chef-lieu, CARCASSONNE, sur l'Aude, évêché. — 3 sous-préfectures : Limoux, Castelnaudary, sur le canal du Midi; Narbonne, une des villes les plus considérables de la Gaule sous les Romains.

54. BASSIN CÔTIER DE L'HÉRAULT. — Il comprend le département de l'HÉRAULT, au N. E. du précédent. — Chef-lieu, MONTPELLIER, sur une colline, à 9 kilomètres de la mer; cour impériale; évêché. — 3 sous-préfectures : Béziers, dans une position si agréable qu'elle a fait dire que si Dieu venait habiter la terre, c'est à Béziers qu'il se fixerait; Lodève, patrie du cardinal de Fleury, et Saint-Pons. — On cite encore Lunel et Frontignan, fameuses par leurs vins muscats; Cette et Port-Vendres, ports de mer importants.

35. BASSIN DU RHÔNE. — Ce bassin se compose du **bassin du Rhône proprement dit** et des trois bassins secondaires de la **Saône**, de l'**Isère** et de la **Durance**.

Le **bassin du Rhône proprement dit** comprend 8 départements, savoir :

1° Cinq départements sur la rive droite, qui sont :

Celui de la HAUTE-SAVOIE, réuni à la France en 1860. — Chef-lieu, ANNECY, sur le lac de son nom, évêché qui a été occupé par saint François de Sales. — 3 sous-préfectures : Thonon, sur le lac de Genève; Bonneville; Saint-Julien.

Celui de l'AIN, à l'E. — Chef-lieu, BOURG, ancienne capitale de la Bresse, cédée par le duc de Savoie à Henri IV, en 1601, en même temps que le *Bugey*, qui avait pour capitale *Belley*, évêché. — 4 sous-préfectures : *Belley*, *Nantua*, *Gex* et *Trévoux*, sur la rive gauche de la Saône.

Celui du RHÔNE, au S. O. du précédent. — Chef-lieu, LYON, au confluent de la Saône et du Rhône, ancienne capitale du *Lyonnais*, la seconde ville de France par son commerce, son industrie et sa population (319,000 habitants avec les faubourgs); archevêché, cour impériale; patrie d'un grand nombre d'hommes célèbres. Elle soutint, en 1793, un siège de deux mois, par suite duquel elle éprouva de grands désastres; elle a eu aussi beaucoup à souffrir des terribles inondations de 1840 et 1856. — 1 sous-préfecture : *Villefranche*.

Celui de l'ARDÈCHE, au S. du précédent. — Chef-lieu, PRIVAS. — 2 sous-préfectures : *Tournon*, près du Rhône, célèbre par son beau collège, et *Largentière*. — Ville remarquable : *Viviers*, évêché.

Celui du GARD, au S. du précédent. — Chef-lieu, NÎMES, cour impériale; évêché qui a compté Fléchier parmi ses prélats. Cette ville est remarquable par ses beaux monuments romains. — 3 sous-préfectures : *Uzès*, *Alais* et le *Vigan*. — Villes remarquables : *Beaucaire*, sur le Rhône, célèbre par ses foires; elle communique par un canal avec *Aigues-Mortes*, où saint Louis s'embarqua pour ses deux croisades, en 1240 et 1269; cette ville se trouve aujourd'hui à 5 kilomètres de la mer.

2° Trois départements sur la rive gauche, qui sont :

Celui de la DRÔME. — Chef-lieu VALENCE, près du Rhône, évêché. — 3 sous-préfectures : *Die*, *Montélimart* et *Nyons*.

Celui de VAUCLUSE, ainsi nommé de la fontaine de ce nom. — Chef-lieu, AVIGNON, sur le Rhône, archevêché. Cette ville, qui fut pendant soixante-huit ans la résidence des papes, était la plus importante du Comtat Venaissin, dont *Carpentras*, située au pied du mont *Ventoux*, était regardée comme la capitale. — 3 sous-préfectures : *Apt*, *Carpentras* et *Orange*, ancienne capitale d'une petite principauté enclavée dans le Comtat Venaissin, réunie à la France par Louis XIV.

Celui des BOUCHES-DU-RHÔNE, au S. de celui de Vaucluse. — Chef-lieu, MARSEILLE, fondée 600 ans avant J. C. par une colonie de Phocéens venus de l'Asie Mineure; excellent port sur le golfe du Lion; évêché; l'une des villes les plus considérables de France par son commerce et la troisième par sa population (260,000 habitants). Les vaisseaux de guerre, qui ne peuvent entrer dans son port, s'arrêtent à l'île d'*If*, qui en est peu éloignée, et sur laquelle se trouve le château du même nom. — 2 sous-préfectures : *Arles*, près de l'endroit où le Rhône se partage en deux branches; on y voit de belles ruines romaines; *Aix*, archevêché, cour impériale, ancienne capitale de la Provence, et fort considérable aussi sous les Romains.

36. BASSIN DE LA SAÔNE. — Il comprend 5 départements, savoir :

Celui de la HAUTE-SAÔNE, au N. — Chef-lieu VESOUL, au pied d'une montagne. — 2 sous-préfectures : *Lure* et *Gray*, sur la Saône.

Celui de la CÔTE-D'OR, à l'O. du précédent, tire son nom d'une chaîne de collines qui produisent d'excellents vins. — Chef-lieu DIJON, sur le canal de Bourgogne, capitale de la province; cour impériale, évêché; patrie de Bossuet. — 3 sous-préfectures : *Beaune*, célèbre par ses vins; *Châtillon-sur-Seine* et *Semur*. Ville remarquable : *Montbard*, patrie de Buffon.

Celui de SAÔNE-ET-LOIRE, au S. du précédent. — Chef-lieu MACON, sur la Saône, renommé par ses vins. — 4 sous-préfectures : *Autun*, évêché, ville très-ancienne; *Châlon-sur-Saône*, *Charolles* et *Louhans*.

Celui du DOUBS, au N. E. du précédent. — Chef-lieu BESANÇON, sur le Doubs, ancienne capitale de la Franche-Comté; archevêché, cour impériale, ville très-forte, prise par Louis XIV en personne, en 1674. — 3 sous-préfectures : *Montbéliard*, *Beaume-les-Dames* et *Pontarlier*.

Celui du JURA, au S. O. du précédent. — Chef-lieu, LONS-LE-SAULNIER. — 3 sous-préfectures : *Dôle*, sur le Doubs; *Poligny* et *Saint-Claude*, évêché. — Ville remarquable : *Salins*, qui tire son nom de ses salines.

37. BASSIN DE L'ISÈRE. — Il comprend 2 départements, savoir :

Celui de la SAVOIE, à l'E. — Chef-lieu CHAMBÉRY, ancienne capitale de la Savoie, réunie à la France en 1860, archevêché, cour impériale. — 3 sous-préfectures : *Alberiville*, *Moutiers en Tarentaise* et *Saint-Jean de Maurienne*.

Celui de l'ISÈRE, à l'O. du précédent. — Chef-lieu, GRENOBLE, sur l'Isère, cour impériale, évêché; patrie du chevalier Bayard. — 3 sous-préfectures : *Vienne*, sur le Rhône, fort célèbre du temps des Romains; *Saint-Marcelin* et *la Tour-du-Pin*.

38. BASSIN DE LA DURANCE. — Il comprend 2 départements, savoir :

Celui des HAUTES-ALPES, à l'E. de la Drôme. — Chef-lieu, GAP, évêché. — 2 sous-préfectures : *Briançon*, une des plus hautes et des plus fortes villes de l'Europe ; *Embrun*, sur un rocher escarpé, près de la Durance.

Celui des BASSES-ALPES, au S. du précédent. — Chef-lieu, DIGNE. — 4 sous-préfectures : *Sisteron*, sur la Durance ; *Forcalquier*, sur une montagne ; *Castellane* et *Barcelonnette*.

39. BASSINS CÔTIERS DE L'ARGENS ET DU VAR. — Ces bassins forment 2 départements, savoir :

Celui du VAR. — Ce département ne devrait plus porter ce nom, car depuis que l'arrondissement de Grasse en a été détaché, le Var ne lui appartient plus ; il est arrosé par l'**Argens**. — Chef-lieu, DRAGUIGNAN. — 2 sous-préfectures : *Brignolles*, et *Toulon*, l'un des plus beaux ports de l'Europe, préfecture maritime, et principal chantier de construction de la marine française (85,000 habitants). Il faut citer encore *Fréjus*, évêché. — Les îles d'HYÈRES font partie de ce département, sur la côte duquel elles sont situées.

Celui des ALPES-MARITIMES, qui forme le véritable bassin du Var. — Chef-lieu, NICE, ancienne capitale du comté de ce nom, réuni à la France en 1860, évêché, port sur la Méditerranée (49,000 habitants). — 2 sous-préfectures : *Grasse* et *Puget-Theniers*.

Dans le département des Alpes-Maritimes est enclavée la petite principauté de *Monaco*, qui porte le nom de sa capitale, petit port sur la Méditerranée.

40. CORSE. — Le quatre-vingt-neuvième et dernier département de la France est formé par l'île de Corse, dont il porte le nom. Cette île, située au S. E. de la France, dans la Méditerranée, a été cédée à la France par les Génois, en 1768, et conquise sur les habitants l'année suivante. — Chef-lieu, AJACCIO, évêché ; patrie de Napoléon Ier, qui y est né en 1769. — 4 sous-préfectures : *Bastia*, bon port, cour impériale, ancienne capitale de l'île ; *Corte*, *Calvi*, *Sartène*.

41. Tableau des Départements comparés aux anciennes provinces.

GOUVERNEMENTS.	DÉPARTEMENTS.	GOUVERNEMENTS.	DÉPARTEMENTS.
\multicolumn{4}{c}{NORD.}			
Flandre-Française.	Nord.	Champagne et Sedan (4 dép.).	Ardennes.
Artois et Boulonnais.	Pas-de-Calais.		Marne.
Picardie.	Somme.		Aube.
	Seine-Inférieure.		Haute-Marne.
	Eure.		Meuse.
Normandie et le Havre (5 dép.).	Calvados.	Lorraine et les trois évêchés (4 dép.).	Moselle.
	Manche.		Meurthe.
	Orne.		Vosges.
	Oise.		
	Aisne.		Bas-Rhin.
Ile-de-France et Paris (5 dép.).	Seine-et-Oise.	Alsace (2 dép.).	Haut-Rhin.
	Seine.		
	Seine-et-Marne.		
\multicolumn{4}{c}{CENTRE.}			
	Ille-et-Vilaine.	Orléanais (3 dép.).	Eure-et-Loir.
	Côtes-du-Nord.		Loir-et-Cher.
Bretagne (5 dép.).	Finistère.		Loiret.
	Morbihan.	Berri (2 dép.).	Indre.
	Loire-Inférieure.		Cher.
	Vendée.	Nivernais.	Nièvre.
Poitou (3 dép.).	Deux-Sèvres.	Bourbonnais.	Allier.
	Vienne.	Auvergne (2 dép.).	Puy-de-Dôme.
Aunis et Saintonge.	Charente-Infér.		Cantal.
Angoumois.	Charente.	Lyonnais (2 dép.).	Loire.
	Mayenne.		Rhône.
Maine (2 dép.).	Sarthe.		Yonne.
Anjou et Saumur.	Maine-et-Loire.	Bourgogne (4 dép.).	Côte-d'Or.
Touraine.	Indre-et-Loire.		Saône-et-Loire.
Marche.	Creuse.		Ain.
	Haute-Vienne.	Franche-Comté (3 dép.).	Haute-Saône.
Limosin (2 dép.).	Corrèze.		Doubs.
			Jura.
\multicolumn{4}{c}{MIDI.}			
	Gironde.	Languedoc (suite).	Ardèche.
	Landes.		Gard.
	Dordogne.	Comté de Foix.	Ariège.
	Lot-et-Garonne.	Roussillon.	Pyrénées-Orient.
Guienne et Gascogne (9 dép.).	Gers.		Haute-Savoie.
	Hautes-Pyrénées.	Savoie (3 dép.).	Savoie.
	Lot.		Isère.
	Tarn-et-Garonne.	Dauphiné (3 dép.).	Drôme.
	Aveyron.		Hautes-Alpes.
Béarn.	Basses-Pyrénées.	Comtat-Venaissin.	Vaucluse.
	Haute-Garonne.		Bouch.-du-Rhône.
	Tarn.	Province et Comté de Nice (4 dép.).	Basses-Alpes.
Languedoc (8 dép.).	Aude.		Var.
	Hérault.		Alpes-Maritimes.
	Lozère.	Corse.	Corse.
	Haute-Loire.		

QUESTIONNAIRE. — 6. Comment la France se divise-t-elle par bassins ? — Nommez les grands bassins. — Qu'est-ce qu'un bassin côtier ? — 7. Combien le bassin du Rhin comprend-il de départements ? — Quels sont-ils ? — Quels sont leurs chefs-lieux et leurs villes principales ? — 8. Quels sont les départements compris dans le bassin de la Moselle ? — Quels sont leurs chefs-lieux et leurs villes principales ? — 9. Quels sont les départements du bassin de la Meuse ? — Quels sont leurs chefs-lieux et leurs villes principales ? — 10. Quels sont les départements du bassin de l'Escaut ? — Quels sont leurs chefs-lieux et leurs villes principales ? — 11. Dans quel bassin est situé le département de la Somme, et quelles en sont les villes remarquables ? — 12. Comment se partage le bassin général de la Seine ? — Combien le bassin proprement dit de la Seine compte-t-il de départements ? — Indiquez ces départements avec leurs chefs-lieux et leurs villes principales. — 13. Combien de départements comprend le bassin de la Marne ? — Quels sont-ils et quels en sont les villes principales ? — 14. Combien y a-t-il de départements dans le bassin de l'Oise ? — Quels sont-ils et quels sont leurs chefs-lieux et leurs sous-préfectures ? — 15. Faites connaître le bassin et le département de l'Yonne, avec ses villes principales. — 16. Quel est le département compris dans le bassin de l'Eure ? — Quelles sont ses villes principales ? — 17. Combien le bassin de l'Orne comprend-il de départements ? — Indiquez leurs chefs-lieux et leurs villes principales. — 18. Faites connaître le département contenu dans le bassin de la Vire, avec ses villes principales. — 19. Dans quel bassin est situé le département d'Ille-et-Vilaine, et quelles sont ses villes principales ? — 20. Combien la Bretagne renferme-t-elle de départements, et quels sont-ils ? — Faites connaître leurs principales villes. — 21. Comment se divise le bassin général de la Loire ? — Combien le bassin de la Loire proprement dit forme-t-il de départements ? — Indiquez les villes principales de ces départements. — 22. Combien de départements forme le bassin de l'Allier ? — Indiquez les villes principales de ces départements. — 23. Quel est le département formé par le bassin du Cher, et quelles en sont les principales villes ? — 24. Quel département est formé par le bassin de l'Indre, et quelles en sont les principales villes ? — 25. Combien de départements comprend le bassin de la Vienne, et quels sont-ils ? — Citez les villes principales de ces trois départements. — 26. Combien de départements sont compris dans le bassin de la Maine ? — Quels en sont les chef-lieux et les villes principales ? — 27. Quels sont les départements compris dans le bassin des Deux-Sèvres ? — Quelles sont les villes principales de ces deux départements ? — Quelles îles font partie du département de la Vendée ? — 28. Combien de départements comprend le bassin de la Charente, et quels sont-ils ? — Citez les villes principales de ces deux départements et les îles qui s'y rattachent. — 29. Comment est formé le bassin de la Gironde, et quels en sont les bassins secondaires ? — Combien de départements comprend le bassin de la Dordogne ? — Quels sont-ils et quelles sont leurs principales villes ? — 30. Combien le bassin de la Garonne, réuni à ceux de l'Ariége, du Lot et du Gers, comprend-il de départements ? — Nommez ces départements, avec leurs chefs-lieux et leurs villes principales. — Combien le bassin du Tarn comprend-il de départements, et quels sont-ils ? — Indiquez les chefs-lieux et les villes principales de ces trois départements. — 31. Combien le bassin de l'Adour comprend-il de départements ? — Quels sont ces départements et quelles sont leurs villes les plus importantes ? — 32. Quel est le bassin occupé par le département des Pyrénées-Orientales ? — Quelles sont des villes principales de ce département ? — 33. Quel est le département compris dans le bassin de l'Aude? Quelles sont les villes principales de ce département ? — 34. Dans quel bassin est situé le département de l'Hérault? — Quelles sont les villes remarquables de ce département ? — 35. Comment se divise le bassin du Rhône ? — Combien le bassin du Rhône proprement dit contient-il de départements? — Quelles en sont les villes principales ? — 36. Combien le bassin secondaire de la Saône comprend-il de départements, et quels sont-ils ? — Indiquez les villes les plus importantes de ces cinq départements. — 37. Combien le bassin de l'Isère comprend-il de départements, et quelles en sont les villes principales ? — 38. Dans quel bassin sont compris les départements des Hautes et des Basses-Alpes ? — Quels sont les chefs-lieux et les villes principales de ces deux départements ? — 39. Quels sont les départements compris dans les bassins côtiers du Var et de l'Argens? — Le département du Var devrait-il conserver ce nom? — Quelles sont les villes principales de ces deux départements ? — Quelle acquisition la France a-t-elle faite de ce côté en 1860? — 40. Quel département est formé par l'île de Corse, et quelles en sont les villes principales ? — 41. Quels sont les départements formés par les provinces de Flandres... Artois... Picardie... Normandie... Ile-de-France... Champagne... Lorraine... Alsace... Bretagne... Poitou... Aunis et Saintonge... Angoumois... Maine... Anjou... Touraine... Marche... Limosin... Orléanais... Berri... Nivernais... Bourbonnais... Auvergne... Lyonnais... Bourgogne... Franche-Comté... Guyenne et Gascogne... Béarn... Languedoc... Foix... Roussillon... Savoie... Dauphiné... Comtat-Venaissin... Provence... Nice... Corse?

CHAPITRE TROISIÈME

GRANDE-BRETAGNE.

SOMMAIRE.

42. Le royaume de la GRANDE-BRETAGNE comprend toutes les îles situées au N. O. de l'Europe et bornées par l'Atlantique au N. et à l'O., par la Manche et le Pas-de-Calais au S., et par la mer du Nord à l'E.
43. Les ILES BRITANNIQUES se divisent en deux grandes îles et un grand nombre de petites : les grandes sont la Grande-Bretagne, à l'E., qui se partage en Angleterre au S. et en Écosse au N., et l'Irlande à l'O.
44. L'ANGLETERRE se divise en Angleterre subdivisée en quarante comtés, et en principauté de Galles, subdivisée en douze comtés. Les villes principales sont : Londres, capitale de tout le royaume ; York, Leeds, Halifax, Hull, New-Castle, Manchester, Liverpool, Birmingham, Bristol, Douvres, Southampton, Plymouth et Portsmouth.
45. L'ÉCOSSE, au N. de l'Angleterre, se divise en trente-trois comtés, dont les principales villes sont : Edimbourg, capitale; Glasgow, Paisley et Dundee.
46. L'IRLANDE se divise en quatre grandes provinces: Ulster, Connaught, Leinster et Munster, lesquelles se subdivisent en trente-deux comtés,

ANGLETERRE. — VILLES PRINCIPALES.

dont les villes principales sont : Dublin, capitale ; Armagh, Belfast, Limerik et Cork.

47. Les PETITES ILES sont : — dans la Manche, les Anglo-Normandes, l'île de Wight et les Sorlingues : — dans la mer d'Irlande, Anglesey et Man ; — dans l'Atlantique, les Hébrides, les Orcades et les Shetland.

48. La POPULATION est de 29 millions d'habitants, dont 20 pour l'Angleterre, 3 pour l'Ecosse et 6 pour l'Irlande. La majorité des Anglais professe la RELIGION anglicane, les Ecossais sont presbytériens, et les Irlandais catholiques. Le GOUVERNEMENT est une monarchie représentative. Le CLIMAT est humide et brumeux ; les terres cependant sont fertiles et bien cultivées, les mines y sont nombreuses, et l'industrie, favorisée par une marine de 38 mille bâtiments, y a atteint des développements immenses.

49. Les COLONIES ANGLAISES ont un territoire d'environ 13 millions de kilomètres carrés et près de 200 millions d'habitants. — Les principales sont : en Europe, Helgoland, Gibraltar et Malte ; — en Asie, Aden, la plus grande partie de l'Hindoustan, plusieurs contrées de l'Indo-Chine et Hong-Kong ; — en Afrique, des établissements à la Sénégambie, à la Guinée ; le Cap, Sainte-Hélène, l'Ascension, Maurice, etc. ; — en Amerique, la Nouvelle-Bretagne, la Jamaïque, les Antilles anglaises, la Guyane anglaise ; — dans l'Océanie, les établissements de l'Australie et de la Tasmanie, de la Nouvelle-Zélande, de Bornéo, etc.

42. SITUATION. LIMITES (1). — **Le royaume de la Grande-Bretagne** comprend tout le groupe d'îles situé au N. O. de l'Europe et connu sous le nom général de **Iles Britanniques**. Ce groupe est enveloppé au N. et à l'O. par l'océan Atlantique ; au S. par la Manche et le Pas-de-Calais, qui le séparent de la France, et à l'E. par la mer du Nord.

43. DIVISION. — Les Iles Britanniques se composent de deux grandes îles et d'un assez grand nombre de petites. Les deux grandes, séparées l'une de l'autre par le canal du Nord, la mer d'Irlande et le canal Saint-Georges, sont : la **Grande-Bretagne** à l'E., et l'**Irlande** à l'O. La première, que les anciens appelaient *Albion*, à cause de la blancheur de ses côtes, renferme les deux royaumes d'**Angleterre** au S., et d'**Ecosse** au N. ; l'**Irlande** forme un troisième royaume. Les petites îles sont répandues autour des deux grandes, et dans le canal qui les sépare. Nous allons étudier successivement ces diverses parties.

44. ANGLETERRE. CAPITALE. VILLES PRINCIPALES. — Le **royaume d'Angleterre** (en anglais *England*) (2), séparé, au N., de l'Ecosse, par *la Tweed*, qui se rend, à l'E.,

---

(1) Consulter dans l'Atlas de M. Ansart, à l'usage des collèges, la carte des ILES BRITANNIQUES.

(2) Les mots en *italique*, entre parenthèses, comme (*England*), indiquent le nom tel que le donnent les habitants du pays.

dans la mer du Nord, et par le golfe du Solway à l'O., se divise en **Angleterre proprement dite**, subdivisée en quarante comtés, à l'E., et **Principauté de Galles**, subdivisée en douze comtés, à l'O.

Les principales villes de l'Angleterre sont : — LONDRES (*London*) (Middlesex et Surrey) (1), capitale de l'Angleterre et de tout l'empire britannique (3,000,000 d'hab.). Cette ville, la plus commerçante, la plus riche et en même temps l'une des plus peuplées, des plus belles du monde, a un port immense formé par la *Tamise*, couverte en tous temps de milliers de vaisseaux. — YORK, beaucoup plus au N., sur l'*Ouse*, qui se jette dans l'*Humber*, archevêché; ville très-ancienne, regardée autrefois comme la seconde de l'Angleterre, n'est plus aujourd'hui que la sixième du comté auquel elle donne son nom, où se trouvent, au S. O., les grandes cités de LEEDS (200,000 h.), HALIFAX (37,000 hab.), qui fabriquent des tissus de laine et de lin; de SHEFFIELD, beaucoup plus au S. (185,000 hab.), renommée pour la fabrication de l'acier et des machines; enfin celle de HULL ou KINGSTON, non loin de l'embouchure de l'*Humber*, le troisième des ports de commerce du royaume. — NEWCASTLE (Northumberland), autre port, extrêmement commerçant, sur la *Tyne*, est le centre de la plus considérable exploitation de houille qui existe au monde. — MANCHESTER (Lancaster), à l'O., la ville la plus importante de l'univers pour la fabrication des étoffes de coton (400,000 hab., y compris les faubourgs). — LIVERPOOL (même comté), sur la rive droite et à l'embouchure de la *Mersey*, dans la mer d'Irlande, le premier port de commerce des Îles Britanniques après celui de Londres (450,000 hab.). — BIRMINGHAM (Warwick), le plus important atelier du monde entier pour les arts métallurgiques (290,000 hab.) — BRISTOL (Glocester), sur l'*Avon*, affluent de la *Severn*, et non loin du golfe qui porte son nom; grand port de commerce, et l'une des villes les plus industrieuses du royaume (160,000 hab.). — BATH (Somerset), non loin du canal de Bristol, célèbre par ses excellentes eaux thermales. — OXFORD et CAMBRIGE, fameuses universités; CANTORBÉRY (*Canterbury*), au S. E. de Londres, archevêché primat du royaume, chef-lieu du comté de Kent, dans lequel se trouve aussi DOUVRES (*Dover*), port sur le Pas-de-Calais, l'un des plus fréquentés

---

(1) Nous indiquons entre parenthèses et en lettres ordinaires le nom du comté auquel chaque ville appartient. Londres est construit sur les limites des deux comtés ci-dessus nommés.

pour les rapports avec la France, qui alimentent aussi SOUTHAMPTON (Hamp), port très-commerçant sur la Manche. — PORTSMOUTH (Hamp) et PLYMOUTH (Devon), autres ports sur la Manche, sont, avec CHATAM et WOLWICH (Kent), les principaux arsenaux de la marine de guerre anglaise. Cette dernière ville est voisine de GREENWICH, située près de Londres, hôpital des invalides de la marine; elle possède un observatoire où les Anglais font passer leur premier méridien.

45. ÉCOSSE. VILLES PRINCIPALES. — L'Écosse (*Scotland*), située au N. de l'Angleterre, se divise en 33 comtés dont les principales villes sont : ÉDIMBOURG (*Edinburgh*), 200,000 hab., capitale du royaume et du comté de son nom; ancienne et fameuse université; située à 2 kilomètres au S. du golfe de Forth, auquel l'unit en quelque sorte la ville de LEITH, qui lui sert de port. — GLASCOW (Lanark), à l'O., sur la Clyde, la ville la plus considérable, la plus commerçante et la plus industrieuse de toute l'Écosse, célèbre par son université et ses belles imprimeries (395,000 hab.). — PAISLEY (Renfrew), un peu plus au S. O., l'une des villes les plus importantes de l'Écosse par son industrie et sa population (62,000 hab.). — DUNDEE (Forfar), plus au N., port très-commerçant, sur le golfe de Tay (91,000 hab.).

46. IRLANDE. VILLES PRINCIPALES. — L'**Irlande** (*Ireland*), à l'O. de la Grande-Bretagne, se divise en quatre provinces, savoir : l'**Ulster** ou **Ultonie**, au N.; le **Connaught** ou **Connacie**, à l'O.; le **Leinster** ou **Lagénie**, à l'E., et le **Munster** ou **Momonie** au S. Ces provinces se subdivisent en 32 comtés qui portent presque tous le nom de leur chef-lieu, et dont les principales villes sont : DUBLIN, à l'E., capitale du royaume et du comté qui porte son nom, sur la mer d'Irlande; résidence du vice-roi; archevêché, université; l'une des premières villes des Iles Britanniques par sa population et son commerce (250,000 hab.). — ARMAGH, au N. E.; elle a un archevêque qui prend le titre de primat. — BELFAST (Antrim), au N. O. de la précédente; port sur la baie de son nom; est une des plus importantes et des plus commerçantes villes d'Irlande (120,000 hab.). — GALWAY, au S. O., port sur la baie du même nom. — LIMERICK, au S., dans une île formée par le *Shannon*. — CORK, encore plus au S., la seconde ville de l'Irlande par sa population et son commerce, favorisé par un port magnifique (79,000 hab.). — WATERFORD, au N. O. de la précédente, sur le havre du même nom.

47. PETITES ILES. — Parmi les petites îles qui se rattachent aux Îles Britanniques, les principales sont : 1° Dans la Manche, près des côtes de France, les **Îles anglo-normandes**, savoir : **Aurigny** (*Alderney*), en face du cap de la Hague ; **Guernesey**, au S. O. de la précédente : capitale, *Saint-Pierre* ; enfin **Jersey**, au S. E. de la précédente : capitale, *Saint-Hélier*.

— 2° Dans la Manche, sur la côte d'Angleterre, l'île de **Wight**, qui en est séparée par un canal peu considérable : capitale, *Newport*. L'infortuné roi Charles Ier y fut détenu dans le château de *Carisbrook*.

3° Les **Sorlingues** (*Scilly*), groupe de 45 petites îles situées vis-à-vis du cap Land's-End, à la pointe S. O. de l'Angleterre, et dont la principale est *Sainte-Marie*.

4° Dans la mer d'Irlande, l'île d'**Anglesey**, au S. E., séparée, par le détroit de *Menay*, de la principauté de Galles, dont elle forme un des comtés : capitale, *Beaumaris*, et l'île de **Man**, au N. de la précédente. Elle a jadis formé un royaume : capitale, *Castletown* ; ville principale, *Douglas*.

5° Les **Hébrides** (*Western*), à l'O. de l'Écosse et au N. de l'Irlande ; elles sont fort nombreuses, et plusieurs ont assez d'étendue. Les plus remarquables sont : *Lewis*, *Skye*, *Mull*, *Islay* et celle de *Staffa*, qui renferme le magnifique rocher de basalte nommé *Grotte de Fingal*.

6° Les **Orcades** (*Orkney*), groupe de 30 îles situées à la pointe N. E. de l'Écosse, dont elles sont séparées par le détroit de *Pentland* ; la plus grande, nommée *Pomona*, a pour capitale *Kirkwall*.

7° Les **Shethland**, groupe de 86 îles situées au N. E. de l'Écosse. La principale est *Mainland* ; capitale, *Lerwick*. Plusieurs sont inhabitées.

48. POPULATION. RELIGION. GOUVERNEMENT. NOTIONS DIVERSES. — La **population** totale de la Grande-Bretagne est d'environ 29 millions d'habitants, dont 20,223,000 pour l'Angleterre, 3,061,000 pour l'Écosse, et 5,764.000 pour l'Irlande. La majorité des Anglais suit la **religion anglicane**, secte du protestantisme ; on compte en Angleterre environ 1 million de catholiques ; les Écossais appartiennent au protestantisme, ils sont de la secte presbytérienne. La majorité des Irlandais est catholique. Le **gouvernement** est une monarchie représentative ; les femmes sont admises à succéder au trône.

Quoique le CLIMAT des Îles Britanniques soit généralement humide et brumeux, cependant les terres y sont fertiles, grâce à une culture très-habile. On y trouve de nombreuses mines de fer, d'étain, de plomb, de cuivre et de houille ; mais ce qui constitue la véritable richesse et la puissance de l'empire Britannique, c'est son immense commerce, alimenté par d'innombrables manufactures, facilité à l'intérieur par un grand nombre de canaux et de chemins de fer, mais surtout vivifié et protégé par une marine de trente-huit mille bâtiments, qui rend toutes les parties du monde tributaires de l'Angleterre.

49. POSSESSIONS ET COLONIES. — L'Angleterre étend sa domination sur des contrées répandues dans toutes les parties du monde. Ces vastes possessions offrent une superficie d'environ 13 millions de kilomètres carrés et contiennent une population de près de 200 millions d'habitants. Nous allons les faire connaître sommairement, ce sont :

En Europe : dans la mer du Nord, la petite île d'*Helgoland*, vis-à-vis les embouchures de l'Elbe et du Véser ; — *Gibraltar*, au S. de l'Espagne ; — l'île de *Malte* et ses dépendances, au S. de l'Italie.

En Asie : *Aden*, en Arabie ; — l'île de *Perim*, à l'entrée de la mer Rouge ; — celle de *Socotora*, à l'entrée du golfe d'Aden, et quelques îles du golfe Persique ; — une grande partie de l'*Hindoustan* (capitale CALCUTTA), et de l'*Indo-Chine*, avec *Ceylan* et plusieurs autres îles ; — *Hong-Kong*, sur les côtes de la Chine.

En Afrique : des établissements dans la *Senégambie*, en *Guinée*, la grande colonie du *cap de Bonne-Espérance* et la côte de *Natal* ; — les îles *Sainte-Hélène* et de l'*Ascension*, enfin l'île *Maurice* (autrefois *île de France*), avec les *Seychelles*.

En Amérique : l'immense territoire de la *Nouvelle-Bretagne*, avec les îles qui en dépendent : *Terre-Neuve*, *Saint-Jean*, etc., au N. — Au S., les îles *Lucayes* ou *Bahama* ; dans les Grandes-Antilles : la *Jamaïque*, capitale *Kingston* ; dans les Petites-Antilles : les îles *Vierges*, *Antigoa*, *Saint-Christophe*, *Sainte-Lucie*, *Saint-Vincent*, la *Barbade*, *Tabago*, et enfin la *Trinité*, qui en est la plus considérable (ville principale, *Spanistown*) ; et enfin, dans l'Amérique du Sud, la *Guyane* anglaise, et les îles *Falkland* ou *Malouines* et *Opparo*.

Dans l'**Océanie**, enfin, en Australie, les cinq grands gouvernements nommés : *Nouvelle-Galles-du-Sud* ou *Australie orientale*, capitale *Sidney* ; *Australie heureuse*, cap. *Melbourne* ; *Méridionale*, *Occidentale* et *Septentrionale* ; — puis la *Tasmanie*, au S. de l'Australie, et les îles voisines ; la *Nouvelle-Zélande* ; un grand nombre d'îles moins importantes et un établissement dans l'île de *Bornéo*.

QUESTIONNAIRE. — 42. Quelle est la situation du royaume de la Grande-Bretagne ? — De quoi se compose-t-il ? — Quelles sont ses limites? — 43. Comment se divisent les Îles Britanniques ? — Combien de royaumes renferme la Grande-Bretagne, et quels sont-ils ? — 44. Quelles sont les bornes du royaume d'Angleterre? — Comment se divise-t-il ? — Quelle est sa capitale et quelles sont ses villes principales ? — 45. Où est située l'Écosse ? — Comment se divise-t-elle et quelles sont ses principales villes ? — Où est située l'Irlande ? — Indiquez sa division et sa subdivision ? — 46. Quelles sont sa capitale et ses principales villes ? — 47. Quelles sont les petites îles qui font partie des Îles Britanniques dans la Manche, dans la mer d'Irlande, dans l'Atlantique? — Indiquez-en les villes principales. — 48. Quelles sont la population et les religions des Îles Britanniques? — Quel est leur gouvernement ? — Faites-en connaître le climat et les produits. — 49. Quelles sont la population et l'étendue des possessions étrangères et des colonies anglaises? — Quelles sont ces possessions en Europe… en Asie… en Afrique… en Amérique et en Océanie ? — Indiquez-en les villes principales.

CHAPITRE QUATRIÈME

BELGIQUE. — PAYS-BAS. — ÉTATS SCANDINAVES.

SOMMAIRE.

§. I. 50. Le royaume de BELGIQUE est situé entre la mer du Nord, la France, la Prusse et la Hollande.

51. La Belgique est divisée en 9 PROVINCES, dont les principales villes sont: Bruxelles, capitale; Gand, Anvers, Malines, Namur, Bruges, Mons.

52. La POPULATION est de 5,000,000 d'habitants, qui suivent la religion catholique. Le GOUVERNEMENT est une monarchie représentative. Le pays est un peu accidenté et fort bien cultivé; le climat est tempéré, l'industrie prospère et la population, très-nombreuse, atteint 151 habitants par kilomètre carré.

§ II. 53. Le royaume des PAYS-BAS, ainsi nommé de sa situation au-dessous du niveau de la mer, est borné par la mer du Nord au N. et à l'O., par la Belgique au S., par la Prusse et le Hanovre à l'E.

54. Il se divise en 11 PROVINCES depuis la révolution de 1830. Sur ces 11 provinces, une, formée des duchés de Limbourg et Luxembourg, est allemande.

55. Les PRINCIPALES VILLES des Pays-Bas sont: Amsterdam et la Haye, capitales; Rotterdam, Flessingue, Utrecht, Luxembourg et Maëstricht.

56. De nombreuses îles dépendent des Pays-Bas : la Zélande en est formée. On y remarque Walcheren, Nord et Sud Beveland, puis Ovar Flakké et Beyerland dans la Hollande méridionale, et enfin Texel, Vieland et Ter-Schelling dans la Hollande septentrionale.

57. La POPULATION est de 3 millions et demi d'habitants, la plupart protestants. Le GOUVERNEMENT est une monarchie représentative. L'activité et l'industrie des habitants ont créé un sol sans cesse menacé de destruction. Le CLIMAT est humide. La fabrication des toiles et la pêche enrichissent cette nation.

58. Les COLONIES, ayant 21 millions d'habitants, sont : en Afrique, la Mine et quelques autres ports en Guinée ; en Amérique, Curaçao, Saint-Eustache et la Guyane ; en Océanie, des établissements considérables à Sumatra, Java, Célèbes et Bornéo, et aux îles Timoriennes et Moluques.

§ III. 59. Les ÉTATS SCANDINAVES sont le Danemark et la Suède avec la Norvége.

60. Le DANEMARK est borné : au N. par le Cattégat et le Skager-Rack ; à l'O. par la mer du Nord ; au S. par la Prusse ; à l'E. par la mer Baltique, le Sund et le Cattégat.

61. Il se divise en deux parties : les îles et le Jutland.

62. Les deux GRANDES ÎLES sont : Séeland, qui renferme Copenhague, capitale du royaume, et Elseneur ; et Fionie, capitale Odensée, puis celles de Langeland, Laland, Bornholm, etc.

63. Le JUTLAND se divise en Nord-Jutland : villes principales, Aalborg, Aarhuus et Viborg ; et Sud-Jutland : villes principales ; Schleswig et Flensbourg.

64. La POPULATION est de 2 millions d'habitants, luthériens. Le GOUVERNEMENT est monarchique et représentatif. Le climat est assez froid. Les îles sont plus habitables que le Jutland.

65. Le Danemark possède l'Islande et les îles Fœroë. — En Amérique : le Groëland, capitale Gothaab ; ainsi que Sainte-Croix et Saint-Thomas aux Antilles.

§ IV. 66. SUÈDE et NORVÉGE. La monarchie suédo-norvégienne, la plus septentrionale de l'Europe, est bornée par l'océan Boreal, l'Atlantique, la mer du Nord, le Skager-Rack, la Baltique, le golfe de Botnie et la Russie. Elle se divise en deux royaumes, la Suède et la Norvége, séparés par les monts Dophrines.

67. La SUÈDE se divise en 24 læn ou préfectures, réparties en trois provinces, de Gothie, Svéaland et Norrland. Les principales villes de Suède sont : Stockholm, capitale ; Upsal, Gœteborg et Kalmar.

68. La NORVÉGE se partage en 3 régions : Sœndenfields, Nordenfields, Norrland, divisées en 5 diocèses et 17 bailliages. Les principales villes de Norvége sont : Christiania, capitale ; Christiansand, Bergen et Drontheim.

69. Les PRINCIPALES ÎLES sont : à la Suède, celles d'Œland, de Gothland et l'archipel de Stockholm ; à la Norvége, le grand archipel des Loffoden et des Tromsen au N. La Suède possède Saint-Barthélemi, comme colonie, aux Antilles.

70. Le GOUVERNEMENT est une double monarchie représentative sous un seul souverain. La POPULATION, de plus de 5 millions d'hommes, est luthérienne. Le CLIMAT est froid et le sol peu productif, si ce n'est en fer et en cuivre. La Norvége produit beaucoup de bois de construction. Le Nord est habité par les Lapons, qui, sous un ciel presque toujours glacé, se servent du Renne pour tous les usages de la vie.

§ I. — BELGIQUE (1).

50. Situation et limites. — La Belgique, située à l'O. de la partie centrale de l'Europe, est bornée au N. par la Hollande, à l'O. par la mer du Nord, au S. par la France, et à l'E. par la Prusse et par le Luxembourg hollandais.

51. Grandes divisions. — Capitale et villes principales. — La Belgique est divisée en **9 provinces** que nous nommerons en faisant connaître leurs villes principales, qui sont : — BRUXELLES, sur la *Senne*, ville riche et commerçante ; capitale de la Belgique et de la province du **Brabant méridional** (170,000 habitants et 100,000 de plus avec les faubourgs). — Le champ de bataille de *Waterloo* est au S. E. de cette ville. — LOUVAIN, à l'E. de Bruxelles, remarquable par son université catholique, son magnifique hôtel de ville gothique et ses brasseries renommées (30,000 habitants). — ANVERS, au N., sur l'*Escaut*, grande ville et port fameux, surtout pendant le temps que la Belgique a appartenu à la France. Elle est défendue par une forte citadelle, prise par les Français sur les Hollandais, en 1832, à la suite d'un siége difficile et glorieux. Cette ville, patrie de plusieurs excellents peintres, compte 112,000 habitants. Elle est le chef-lieu d'une province qui porte son nom. — MALINES, entre Anvers et Bruxelles, jolie ville archiépiscopale, renommée par ses fabriques de dentelles ; centre du vaste réseau de *chemins de fer* qui de là rayonnent dans toute la Belgique (36,000 habitants). — GAND, à l'O., au confluent de l'Escaut et de la *Lys*, ville très-grande et importante par son commerce ; capitale de la **Flandre orientale**; patrie de Charles-Quint (117,000 habitants). — BRUGES, au N. O., capitale de la **Flandre occidentale**, remarquable par ses beaux édifices et par son commerce (52,000 habitants). Elle est située sur un beau canal qui la fait communiquer d'un côté avec Gand, et de l'autre avec OSTENDE, bon port sur la mer du Nord. — YPRES, au S. des précédentes, est remarquable par son industrie et ses beaux édifices gothiques. — COURTRAI, à l'E., produit de belles toiles. — MONS, sur la *Trouille*, au S. E., capitale du **Hainaut**, renommée pour ses houilles, fameuse par plusieurs siéges, et surtout par celui qu'en fit Louis XIV en 1691 (25,000

---

(1) Voir dans l'Atlas de M. Ansart, à l'usage des colléges, la carte de BELGIQUE et PAYS-BAS.

habitants). — A l'O. de cette ville s'étendent les plaines de *Jemmapes*, illustrées par une victoire des Français en 1792. Au S. se trouvent *Philippeville* et *Marienbourg*, petites forteresses possédées par la France pendant un siècle et demi, et qu'elle a perdues aux traités de 1815. — TOURNAI, au N. O. de Mons, plusieurs fois prise et reprise par les Français et les Autrichiens, et à 8 kilomètres de laquelle se trouve *Fontenoy*, village fameux par la victoire que les Français, commandés par le maréchal de Saxe, y remportèrent, en 1745, sur les Anglais et les Hollandais (34,000 habitants). NAMUR, au confluent de la *Sambre* et de la *Meuse*, capitale de la province de son nom, prise par Louis XIV en 1693. A l'O. de cette ville se trouve *Fleurus*, célèbre par trois victoires gagnées par les Français. — ARLON, sur la *Semoy*, capitale du **Luxembourg Belge**. — LIÉGE, sur la Meuse, capitale de l'ancien évêché de ce nom, devenu une des provinces de la Belgique; patrie de Grétry (98,000 habitants). A 25 kilomètres au S. E. est le bourg de *Spa*, connu par ses eaux minérales. — VERVIERS, à l'E., est renommée pour ses draps. — HASSELT, sur la *Demer*, capitale de la partie du **Limbourg** que la Hollande a cédée à la Belgique.

52. POPULATION. RELIGION. GOUVERNEMENT. NOTIONS DIVERSES. — La **population** de la Belgique est de 5 millions d'habitants, qui suivent presque tous la **religion catholique**. Le **gouvernement** est une monarchie représentative.

L'aspect général de la Belgique est celui d'une vaste plaine entrecoupée de quelques collines, ombragées de forêts et de vallées couvertes de gras pâturages. Le sol, d'une admirable fertilité et cultivé avec soin, produit en abondance des grains, du lin, du chanvre, du tabac, et renferme de riches mines de fer, de houille et de marbre; l'air y est pur et sain. Sa population, d'environ 150 habitants par kilomètre carré, est riche de son industrie, dont les toiles, les dentelles, les soieries, les draps sont les produits principaux.

§ II. — PAYS-BAS (1).

53. SITUATION ET LIMITES. — Le **royaume des Pays-Bas**, ou, comme l'appellent ses habitants la **Néerlande**, est ainsi nommé parce que le sol en est si bas qu'il n'est préservé des irruptions de la mer que par de fortes digues. Il est situé dans la partie centrale et occidentale de l'Eu-

---

(1) Voir dans l'Atlas de M. Ansart la carte de BELGIQUE et PAYS-BAS.

rope, et borné au N. et à l'O. par la mer du Nord, au S. par la Belgique, et à l'E. par la Prusse et le Hanovre. Un grand nombre d'îles situées dans la mer du Nord font partie de ce royaume. Nous les indiquerons plus tard (n° 56).

54. DIVISION. — Depuis la révolution qui, au mois de septembre 1830, a séparé la Hollande et la Belgique, réunies en un seul royaume en 1814, les **Pays-Bas** ne se composent plus que de onze provinces, comprises autrefois sous le nom de **Hollande**, dont nous indiquerons les noms en en faisant connaître les capitales. Les portions néerlandaises du duché de **Limbourg**, au S. E., et du grand-duché de **Luxembourg**, qui en est séparé par la Belgique, forment une province qui faisait partie de l'ancienne confédération germanique. (Voir ci-après, n° 79.)

55. CAPITALES. VILLES PRINCIPALES. — Les principales villes des Pays-Bas sont : — AMSTERDAM, sur le *Zuiderzée*, capitale de la **Hollande septentrionale** et de tous les Pays-Bas, l'une des plus belles et des plus florissantes villes du monde (257,000 habitants). — HARLEM, à l'O.; elle dispute à Mayence la gloire d'avoir inventé l'imprimerie. — GRONINGUE, au N. E., capitale de la province qui porte son nom, possède une université célèbre. — LEEUWARDEN, ville forte, à l'O., est la capitale de la **Frise**. — ASSEN, au S. E., capitale de la province de **Drenthe**. — ZWOLL, au S. O., capitale de la province d'**Over-Yssel**. — NIMÈGUE, au S., sur le *Wahal*, avec un château bâti, dit-on, par Charlemagne, remarquable par le traité de paix de 1679; place très-forte et la ville la plus importante de la province de son nom, fameuse par l'union de 1579, qui fut le fondement de la république des Provinces-Unies, et par le congrès de 1713, qui pacifia l'Europe (21,000 hab.). — ROTTERDAM, au S. O., capitale de la **Hollande méridionale**, sur la *Meuse*, que les plus grands vaisseaux peuvent remonter; patrie du savant Erasme (110,000 hab.). — LA HAYE, au N. O., résidence habituelle du roi des Pays-Bas et siége des états généraux (80,000 hab.). On la regarde comme un bourg, parce qu'elle n'a ni portes ni murailles. — LEYDE, plus au N., sur le vieux canal du Rhin, fameuse par son université. — MIDDELBOURG, au S. O., dans l'île de *Walckeren* (n° 56); capitale de la province de **Zélande**. — FLESSINGUE, sur la côte méridionale de cette même île de Walckeren, place forte et le principal port militaire des Pays-Bas. — BOIS-LE-DUC, plus à l'O., ville très-forte, renommée par les belles toiles qui s'y fabriquent; évêché et capitale du

Brabant septentrional. — LUXEMBOURG, au S. E., sur l'*Alzette*, capitale du grand-duché de **Luxembourg**, une des plus fortes places de l'Europe, prise par les Français, en 1684, sous Louis XIV, et en 1795. — MAESTRICHT, sur la Meuse, forteresse importante, capitale du duché de **Limbourg**.

'56. ILES. — Les **Iles** qui dépendent des Pays-Bas sont extrêmement nombreuses. La province de Zélande tout entière, dont le nom signifie *terre maritime*, se compose d'un grand nombre d'îles formées par l'Escaut et la Meuse, à leurs embouchures dans la mer du Nord, et dont les principales sont celles de **Walkeren**, de *Nord*, et *Sud* **Beveland**, de **Tholen** et **Schouwen**, ainsi que celle **Over Flakke**, de **Woorne**, de **Beyerland** et d'**Ysselmonde**, dans la Hollande méridionale. — Sur la côte de la Hollande septentrionale, il faut citer, outre celle du **Texel**, à l'entrée du Zuiderzée, fameuse par deux batailles navales livrées en 1653 et en 1673, celles de *Vieland*, *Ter-Schelling* et *Ameland*.

57. POPULATION. GOUVERNEMENT. RELIGION. NOTIONS DIVERSES. — La **population** des Pays-Bas est de plus de 3 millions et demi d'habitants, qui suivent pour la plupart les divers cultes protestants. Le **gouvernement** est une monarchie représentative.

Le climat de la Hollande est généralement humide et variable, ce qui est causé en partie par la présence des vastes cours d'eau qui sillonnent de toutes parts ce pays, et dont le niveau est souvent supérieur à celui des contrées environnantes. Pour remédier à des inondations fréquentes, l'industrie des Hollandais a construit des digues d'une étendue considérable qui contiennent les eaux des fleuves, et ont permis de transformer en champs bien cultivés et en excellents pâturages les marais qui couvraient jadis la plus grande partie du pays. La rupture de ces digues au moment des hautes eaux cause parfois d'épouvantables désastres. — La fabrication des toiles, la pêche du hareng, procurent d'immenses revenus à ce peuple industrieux, qui avait, avant les Anglais, le monopole du commerce dans toutes les parties de l'univers, où il conserve encore de nombreuses possessions que nous allons indiquer ci-après :

58. COLONIES ET POSSESSIONS HORS D'EUROPE. — Le royaume des Pays-Bas possédait jadis d'immenses colonies dont il a perdu une grande partie; celles qu'il conserve comprennent environ 1 million de kilomètres carrés et 21 millions d'habitants. — Les principales de ses colonies sont :

En **Afrique** : le fort de *Saint-Georges*, la *Mine* ou *El-Mina*, et quelques autres petits ports sur la côte de Guinée.

En **Amérique** : 1° les îles de *Curaçao* et de *Saint-Eus* *tache*, dans l'archipel des Antilles; — 2° la *Guyanne néerlandaise* ou *hollandaise*, sur la côte orientale de l'Amérique du Sud, capitale *Paramaribo*.

Dans l'**Océanie** enfin, de nombreuses et très-importantes possessions dans les grandes îles et les archipels de la Malaisie, savoir : la plus grande partie des îles de *Sumatra*, de *Célèbes* et de *Java*, où ils ont fondé l'importante ville de BATAVIA, capitale de leurs établissements dans l'Océanie; plusieurs des petites îles voisines; une grande partie des archipels des îles *Timoriennes* et des *Moluques*, des possessions importantes sur l'île de *Bornéo*, etc.

§ III. — ÉTATS SCANDINAVES (1).

59. On réunit sous le nom d'États Scandinaves les terres appelées par les anciens Scandinavie et Chersonèse cimbrique. Ces pays forment aujourd'hui trois royaumes situés au Nord de l'Europe, qui sont ceux de Danemark, de Suède et de Norvége; ces deux derniers ne forment qu'un seul État. Nous les examinerons successivement.

DANEMARK.

60. POSITION. LIMITES. — Le **Danemark** (*Danmark*), l'un des quatre États situés dans la partie septentrionale de l'Europe, est borné au N. par le Cattégat et le Skager-Rack, qui le séparent de la Suède et de la Norvége; à l'O., par la mer du Nord; au S., par la Prusse; à l'E., par la mer Baltique, le Sund et le Cattégat.

61. DIVISION. — Les États du Danemark se composent : 1° de plusieurs **îles** situées dans la mer Baltique; 2° de la presqu'île de **Jutland**.

62. ILES ET LEURS VILLES PRINCIPALES. — Les **principales îles** sont au nombre de deux grandes, savoir : l'île de **Séeland**, séparée, à l'E., de la Suède par le Sund, et qui renferme COPENHAGUE, capitale de tout le royaume, peuplée de 155,000 habitants, brûlée par les Anglais en 1807; *Elseneur* ou *Helsingœr*, où se payait jadis au Danemark un droit pour tous les vaisseaux qui traversaient le Sund, dont le

---

(1) Voir, dans l'Atlas de M. Ansart, la carte de SUÈDE, NORVÉGE et DANEMARK.

passage est défendu par la forteresse de Kroneborg; — l'île de **Funen** ou FIONIE, à l'O. de Séeland, dont elle est séparée par le Grand Belt; capitale ODENSÉE. — Les autres îles, telles que **Langeland, Fémern, Laaland, Falster, Bornholm**, sont moins considérables.

63. JUTLAND. SES DIVISIONS, SES VILLES PRINCIPALES. — La presqu'île de **Jutland**, située à l'O. de l'île de Fionie, dont elle est séparée par le Petit-Belt, se divise en **Nord-Jutland**; villes principales : AALBORG, port à l'entrée du golfe ou détroit de *Lim* ou *Liim-Fiord*, formé par le *Cattegat*; *Aarhuus*, autre port sur le Cattégat, et VIBORG, au N. O. de cette dernière, qui passe pour la plus ancienne ville du Danemark, et **Sud-Jutland**, ou duché de **Schelswig**, ville principale FLENSBORG, port sur un golfe de la Baltique (1).

64. POPULATION. RELIGION. GOUVERNEMENT. NOTIONS DIVERSES. — La **population** du royaume de Danemark est de 2 millions d'habitants, dont la majeure partie suit la religion luthérienne. Le **gouvernement** est une monarchie représentative.

Les îles du Danemark sont la partie la plus tempérée et la plus agréable du royaume; c'est aussi la plus fertile en grains, etc. Le Jutland est généralement froid et couvert de marais et de bruyères.

65. POSSESSIONS LOINTAINES ET COLONIES. — Parmi les possessions lointaines du Danemark, la plus considérable est l'**Islande**, ou Terre de glace, plus voisine de l'Amérique, à laquelle elle appartient par sa position, que de l'Europe, au N. O. de laquelle elle est située. Cette île montagneuse et froide, où le blé ne croît pas, non plus que les arbres, cultive surtout la pomme de terre. On y rencontre en plusieurs endroits des volcans qui lancent à une hauteur considérable des jets d'eau chaude et de boue; le plus célèbre est le mont *Hécla*, haut de 1,040 mètres. Cette île compte près de 50,000 habitants, qui vivent, pour la plupart, dans des fermes isolées; aussi REYKIAVIG, la ville principale de l'île, n'en renferme-t-elle que 900 environ.

Au S. E. de l'Islande se trouve le groupe des îles **Færoë**,

---

(1) Ce duché, ainsi que ceux de Holstein et de Lauenbourg, a été enlevé au Danemark en 1864 et 1865 par la Prusse et l'Autriche, qui s'en sont emparées; mais sa situation n'est pas encore complètement réglée en ce moment (août 1866).

au nombre de 35, dont 17 habitées par environ 6,000 habitants. La principale est *Stromoë*, au centre, avec une capitale nommée THORSHAVN.

En **Amérique**, la grande terre du **Groënland**, au N., dont les villes sont GOTHAAB, capitale des établissements, et JULIANESHAAB, ports sur la mer des Esquimaux, et *Upernavick*, bien plus au N., sur la mer de Baffin ; — et les îles **Sainte-Croix** et **Saint-Thomas**, dans les Antilles.

§ IV. — SUÈDE ET NORVÈGE.

66. POSITION. LIMITES. GRANDES DIVISIONS. — La monarchie **Suédo-Norvégienne** (ancienne Scandinavie), la plus septentrionale de l'Europe, est comprise dans une vaste presqu'île bornée, au N., par l'océan Glacial Arctique ; à l'O., par l'océan Atlantique et la mer du Nord ; au S., par le Scager-Rack et la Baltique ; et à l'E., par la Baltique, le golfe de Bothnie et la Russie. Elle se divise en deux royaumes, celui de **Suède**, à l'E., et celui de **Norvége**, à l'O., séparés l'un de l'autre par une longue chaîne de montagnes qui, sous le nom de *Dophrines*, ou Alpes Scandinaves, parcourent toute la péninsule du sud au nord. Un grand nombre d'îles sont répandues sur les côtes de ces deux royaumes.

67. DIVISIONS ET VILLES PRINCIPALES DE LA SUÈDE. — Le **royaume de Suède** (*Sverige*) se divise en 24 *laen* ou préfectures, réparties en trois grandes régions, savoir : le **Gothland** ou Gothie, au S. ; le **Svéaland** ou Suède propre, au milieu, et le **Norrland** ou pays du Nord, dont le nom indique la position.

Les principales villes de la Suède sont : — au centre, dans la Suède propre, STOCKHOLM, sur le lac Mælar, grande ville avec un port très-vaste, capitale du royaume et d'un district particulier (117,000 habitants). — UPSAL (*Upsala*), au N. O. de Stockholm, célèbre université et le lieu ordinaire du couronnement des rois (10,000 habitants). — Entre cette ville et la précédente se trouve celle de *Sigtuna*, qui était très-considérable du temps d'Odin, législateur des Scandinaves, dont elle paraît avoir été la résidence. — *Norkoping* (22,000 habitants). — *Malmoë* (19,000 habitants). — Au S., dans la Gothie, GOETEBORG, à l'O., port sur le Cattégat, l'une des villes les plus commerçantes de la Suède (33,000 habitants). — *Kalskrona*, au S. E., sur la Baltique, le principal port militaire du royaume (16,000 habitants). — *Kalmar*, au N. E. de Kalskrona, ville forte, port et chantier de construction, sur le détroit de son nom, qui sépare l'île d'Œland de la Suède. Elle est fameuse par l'acte d'union des trois couronnes de Suède, Norvége et Danemark, sous le sceptre de la grande Marguerite, qui y fut conclu le 20 juillet 1397. — Au Nord, dans le Norrland, pays qui comprend la Laponie suédoise : TORNÉA, la ville la plus septentrionale du golfe de Bothnie, à l'embouchure de la rivière du même nom ; il y fait si froid que la rivière y gèle à 6 mètres d'épaisseur.

68. DIVISIONS ET VILLES PRINCIPALES DE LA NORVÉGE. — La **Norvége** (*Norge*) se divise naturellement en trois grandes contrées, qui sont : les **Sœndenfields**, les **Nordenfields**, séparés par une chaîne de montagnes, et le **Norrland**, pays qui comprend tout le nord de la péninsule scandinave. Ces trois contrées sont subdivisées en 5 diocèses et en 17 arrondissements ou bailliages.

Les principales villes de la Norvége sont : — CHRISTIANIA, au S., sur la Baie d'Anslo, capitale de toute la Norvége et de la préfecture d'*Aggershuus*, qui tire son nom de la forteresse d'*Agger*, qui domine la ville de Christiania (39,000 habitants). — TRONDHEIM ou *Drontheim*, BERGEN et CHRISTIANSAND, ports sur les côtes occidentale et méridionale. Les deux premières ont servi de résidence aux anciens rois de Norvége.

69. ILES ET COLONIES. — Les îles qui dépendent de la Suède sont situées dans la mer Baltique ; les principales sont : **Œland**, cap. BORGHOLM ; — **Gottland**, cap. WISBY.

Les îles qui dépendent de la Norvége sont situées le long des côtes occidentales et septentrionales de ce pays, dans l'océan Glacial Arctique. Les plus remarquables sont : les groupes des îles **Tromsen**, au N., et **Loffoden**, au S. O. des précédentes, près desquelles se trouve le tourbillon de *Mael Strom*, qui, dans l'hiver surtout, et lorsque le vent souffle du N. O., produit un bruit qui se fait entendre de plusieurs lieues, et dont le courant attire et quelquefois engloutit les vaisseaux qui passent aux environs.

La seule colonie que la Suède possède est l'île **Saint-Barthélemi**, l'une des Antilles, qui lui a été cédée par la France en 1784.

70. POPULATION. RELIGION. GOUVERNEMENT. NOTIONS DIVERSES. — Les deux royaumes de SUÈDE et de NORVÉGE réunis, en 1814, sous le même souverain, sont l'un et l'autre des monarchies représentatives dans lesquelles le pouvoir royal

est très-restreint; elles ont chacune leur constitution distincte et leur assemblée indépendante. — Ils renferment ensemble une **population** de plus de 5,100,000 habitants, qui suivent la religion luthérienne.

Le climat de la Suède est généralement froid, et son sol peu productif, si ce n'est vers le S.; elle est remplie de lacs dont plusieurs ont un aspect agréable. La Norvége est presque tout entière hérissée de montagnes qui produisent en abondance des bois propres à la construction des vaisseaux, et qui font l'objet d'un grand commerce. Les parties septentrionales, composant la préfecture de *Finmarken*, comprennent la partie de la *Laponie* qui appartient au royaume de Norvége. Cette contrée, où le plus long jour et la plus longue nuit durent trois mois, ne renferme que quelques misérables bourgades. Les habitants de ce pays sont remarquables par leur petite taille et fort superstitieux; ils tirent un grand parti d'un animal fort curieux nommé le *renne*, qui ne peut vivre que dans les régions septentrionales; ils se nourrissent de sa chair et de son lait, et même l'attellent aux traîneaux dont on se sert pour voyager dans ces contrées, couvertes presque toute l'année de neige et de glaces. La Suède renferme beaucoup de mines de fer et de cuivre; il y en a même plusieurs d'or et d'argent.

QUESTIONNAIRE. — 50. § I. Quelle est la population de la Belgique? — Quelles sont ses bornes? — 51. Comment se divise-t-elle? — Faites-en connaître les provinces. — Quelles en sont les villes principales? — 52. Quels sont la population, la religion et le gouvernement? — Quel est l'aspect du pays? — Quels sont ses produits et son industrie. — § II. 53. Quelle est la position du royaume de Hollande? — 54. Comment se divise ce royaume? — Nommez-en les provinces? — 55. Faites connaître ses villes principales. — 56. Quelle île avez-vous a signaler? — 57. Quels sont la population, la langue, la religion, le gouvernement? — Faites connaître l'industrie des Hollandais et leurs produits. — 58. Quelles sont les principales colonies hollandaises. — § III. 59. Qu'est-ce qu'on entend par États Scandinaves? — Où sont-ils situés? — Quels sont-ils? — 60. Quelle est la position du royaume de Danemark? — De quoi se compose cet État? — Quelles sont ses limites? — 61. Comment est divisé ce royaume? — 62. Faites connaître les îles et les villes remarquables de l'archipel danois. — 63. Les provinces de terre ferme et leurs villes principales. — 64. Quelle est la population? — Quelle est la religion de l'État... le gouvernement? — Quels sont l'aspect, le climat et les productions de ce royaume? — 65. Quelles sont les possessions lointaines du Danemark? — § IV. 66. Quelles sont la position et les limites de la monarchie Suédo-Norvégienne? — Comment ces deux royaumes sont-ils séparés? — 67. Comment se divise la Suède? — Nommez ses grandes divisions. — Quelles sont ses villes principales? — 68. Comment se divise la Norvége? — Quels sont les noms de ces divisions? — Quelles sont ses villes principales? — 69. Quelles sont les îles qui dépendent de la Suède? — Où sont-elles situées? — Quelle est la colonie que possède ce royaume? — Quelles sont les îles qui dépendent de la Norvége? — 70. Quels sont la population, la religion et le gouvernement de ces deux royaumes? — Faites connaître le climat et les productions de la Suède et de la Norvége. — Quel animal remarquable nourrit ce dernier pays?

CHAPITRE CINQUIÈME

RUSSIE. (1).

SOMMAIRE.

71. L'EMPIRE RUSSE occupe tout le N. de l'Europe et de l'Asie, ainsi que le N. O. de l'Amérique. La Russie d'Europe a pour limites l'océan Glacial ; la Suède, la mer Baltique, la Prusse et l'Autriche ; la Turquie, la mer Noire, le Caucase et la mer Caspienne ; le fleuve Oural, les monts Ourals et le fleuve Kara.

72. L'Empire russe comprend quatre parties : l'Empire russe proprement dit, le grand-duché de Finlande, les provinces polonaises nouvelles et les provinces septentrionales du Caucase. — Il se divise en soixante-six gouvernements, dont cinq formés des provinces polonaises nouvelles. On divise le tout en gouvernements : 1° du Nord, 2° du Centre, 3° du Midi, 4° des provinces polonaises à l'O.

73. Les VILLES PRINCIPALES sont en Finlande et dans le Nord : Saint-Pétersbourg, capitale de l'empire ; Kronstadt, Abo, Riga et Arkhangel ; dans le Centre et le Midi : Moscou, Vladimir, Kasan, Kiev, Nijnei-Novgorod, Odessa, Astrakhan.

74. Dans les PROVINCES SEPTENTRIONALES du Caucase, Stavrapol, Vladikaukas et Derbend.

75. Dans les PROVINCES POLONAISES anciennes : Vilna, Grodno, Mohilev ; et dans les nouvelles : Varsovie et Kalisz.

76. Les ILES qui dépendent de la Russie sont : dans la mer Baltique, le groupe d'Aland et d'Abo, les îles de Dago, d'Œsel ; — dans l'océan Glacial, celles du Spitzberg, de la Nouvelle-Zemble, de Vaïgatch et de Kalgouew.

77. La POPULATION est d'environ 75 millions d'habitants, dont 60 suivent la religion grecque, 6 sont catholiques, 3 luthériens et le reste musulman, juif ou idolâtre. — Le gouvernement est absolu. — Le pays a beaucoup progressé depuis 200 ans ; cependant il est encore peu habité. Le sol est fertile, mais le climat est généralement froid et humide. Les monts Ourals fournissent des pierres et des métaux précieux. — Cet empire forme la septième partie du monde habitable ; il s'est approprié la Pologne, qui faisait jadis un royaume indépendant.

78. Les POSSESSIONS hors d'Europe sont : la Russie asiatique, divisée en Russie du Caucase et Sibérie, et l'Amérique russe au N. O. de l'Amérique du N.

---

(1) Nous présentons maintenant la géographie de la Russie, bien que cette contrée soit indiquée plus loin dans l'ordre du programme, afin de suivre l'ordre méthodique adopté par les géographes.

71. Situation et limites. — Le vaste **Empire de Russie** (1) (*Rossia*), situé au N. E. de l'Europe, s'étend sur tout le nord de l'ancien continent. Nous avons examiné précédemment la Russie asiatique (classe de sixième, n°˚ 95 et suiv.), nous n'avons donc à nous occuper ici que de la Russie d'Europe. — Cette contrée, appelée autrefois la *Moskovie*, a pour bornes, au N., la mer glaciale; à l'O., la Suède, le golfe de Botnie, la mer Baltique, la Prusse et les Etats de l'empereur d'Autriche; au S., la Turquie d'Europe, la mer Noire, le Caucase et la mer Caspienne; et à l'E., le fleuve Oural, les monts Ourals ou Poyas et le fleuve Kara, qui la séparent de la Russie d'Asie.

72. Divisions. — L'empire de Russie se compose de quatre parties distinctes, savoir : 1° l'**Empire de Russie** *proprement dit*, qui comprend aussi les provinces de l'ancienne **Pologne** (*Polska*) incorporées à l'empire à la suite des partages de 1772, 1793 et 1795; 2° le **grand-duché de Finlande** (*Souomi* dans la langue finnoise), ancienne province suédoise, dont une partie fut cédée à la Russie en 1791, et le reste conquis en 1808; 3° les **provinces Polonaises**, qui, bien que considérées depuis 1844 comme partie intégrante de l'empire, conservent encore une administration particulière à la tête de laquelle est placé un gouverneur général; 4° les **provinces septentrionales du Caucase**. La Russie se divise aujourd'hui en 62 gouvernements, dont cinq formés des provinces polonaises. — Les gouvernements d'après leur position se divisent en 4 séries : 1° provinces du Nord; 2° provinces du Centre; 3° provinces du Sud; 4° provinces polonaises à l'Ouest.

73. Capitales et villes principales. — Les villes principales du **grand-duché de Finlande** et de la **partie septentrionale** de la Russie sont : SAINT-PÉTERSBOURG, à l'embouchure de la *Neva*, dans le golfe de Finlande, capitale de l'empire, fondée par Pierre le Grand en 1703 (533,000 habitants). KRONSTADT, un des principaux ports de la Russie, construit par Pierre le Grand au fond du golfe de Finlande. Arsenal de la marine de guerre, défendu par d'immenses fortifications. — ABO, entre les golfes de Botnie et de Finlande, vis-à-vis de l'archipel qui porte son nom, ville principale de la *Finlande*, dont *Helsingfors* est la capitale. — RIGA,

---

(1) Voir dans l'Atlas de M. Ansart, à l'usage des colléges, la carte de la RUSSIE D'EUROPE.

située sur le golfe de *Livonie*, ainsi nommé de la province dont Riga est la capitale; et qui fut conquise sur les Suédois par Pierre le Grand, après la victoire qu'il remporta à *Pultawa*, dans la Russie centrale. — ARKHANGEL, port sur la mer Blanche, à l'embouchure de la Dvina, entrepôt du commerce du nord de la Russie.

Les villes des provinces **centrales** et **méridionales de la Russie** sont : — MOSCOU (*Moksva*), ancienne capitale de la Russie, brûlée par les Russes en 1812, au moment de l'entrée des troupes françaises, et aujourd'hui plus régulièrement rebâtie (400,000 habitants). — VLADIMIR, au N. E. de Moscou, ancienne résidence des grands-ducs de Russie. — KAZAN, au S. E. de la précédente, capitale d'un ancien royaume tartare conquis par les Russes en 1552. — KIEV, au S. E., sur le Dniéper, une des villes les plus considérables de la Russie, résidence des premiers souverains de ce pays. — ODESSA, au S. de Kiev, port sur la mer Noire, un des plus commerçants de l'Europe. *Nicolaïef*, au N. E. d'Odessa, sur le Boug, chantier de la marine russe dans la mer Noire. — KAFFA, près de la mer Noire, dans le gouvernement de Tauride, qui renferme la presqu'île de Crimée, jointe au continent par l'isthme de Pérékop, sur lequel se trouve la ville de ce nom. Cette presqu'île est devenue célèbre par la guerre dont elle a été le théâtre en 1854 et 1855, et qui se termina par la prise de *Sébastopol*, arsenal de la marine russe, qui y fut détruite. Cette ville ne fut emportée d'assaut par les Français unis aux Anglais, qu'après un siège de près d'un an, pendant la durée duquel furent livrées plusieurs grandes batailles. — ASTRAKHAN, dans une île du Volga, à l'embouchure de ce fleuve dans la mer Caspienne, l'une des villes les plus considérables de la Russie, et fort importante par le grand commerce qu'elle fait avec la Perse et tout l'Orient. — *Nijni-Novgorod*, plus au N. E., sur le Volga, capitale de la province de son nom, fait également un grand commerce avec l'Orient, au moyen surtout de ses foires renommées.

74. PROVINCES SEPTENTRIONALES DU CAUCASE. — Les villes principales des provinces septentrionales du Caucase sont : STAVRAPOL, chef-lieu de l'ancien gouvernement du Caucase. — WLADIKAUKAS, forteresse dans les montagnes. — DERBEND, capitale du *Daghestan*, ville forte sur la mer Caspienne.

75. PROVINCES POLONAISES. — Les villes principales des provinces polonaises sont : dans les provinces anciennement réunies, VILNA, ville riche et commerçante, ancienne capi-

talé du grand-duché de **Lithuanie**. — Grodno, au S. O. de Vilna, et où se tenaient autrefois les diètes polonaises. — Mohilev, sur le Dniépr, au S. E. de Vilna, ville forte et très marchande, célèbre par une victoire remportée sur les Russes par les Suédois en 1707. — A environ 85 kilomètres à l'O. de cette ville coule la *Bérésina*, tristement fameuse par les désastres que les Français éprouvèrent sur ses bords, en 1812, dans la malheureuse retraite de Moscou. — Enfin, dans les provinces polonaises qui portent encore ce nom, il faut citer : — Varsovie (*Varzarna*), capitale du royaume, sur la rive gauche de la Vistule, mais communiquant par un pont de bateaux avec le faubourg fortifié de *Praga*, situé sur la rive droite (163,000 habitants). — Kalisz, au S. O. de Varsovie, la seconde ville du royaume par sa population et son industrie.

76. Iles. — Quelques îles remarquables sont répandues le long des côtes de la Russie, à laquelle elles appartiennent ; ce sont :

1° Dans la **mer Baltique** : Les îles d'**Aland**, groupe situé vis-à-vis d'Abo, sur la côte S. O. de la Finlande, et compris dans son gouvernement : ces îles furent cédées par la Suède à la Russie, en 1809 (12,000 habitants). Bomarsund, forteresse élevée au milieu de ce groupe pour servir d'arsenal à la marine russe, a été détruit par les flottes anglaise et française en 1854. — **Dago** et **Œsel**, à l'entrée du golfe de Livonie.

2° Dans la **mer glaciale** : Les îles du **Spitzberg** et de la **Nouvelle-Zemble**. Ces grandes terres sont inhabitées ; mais les Russes et les Samoïèdes s'y rendent quelquefois pour la pêche. — Au S. E. de ces îles se trouve celle de **Vaïgatch**, séparée du continent par le détroit qui porte son nom, et à l'E. de cette dernière celle de **Kalgouew**.

77. Population. Religion. Gouvernement. Notions diverses. — Malgré son immense étendue, qui est de 2,920 kilomètres de long sur 1,600 de large, et comprend ainsi une étendue dix fois plus considérable que celle de la France, mais dont une grande partie est couverte de vastes forêts, la Russie d'Europe ne contient que 75 millions et demi d'habitants, dont 60 millions environ professent la **religion grecque**, 6 millions la religion catholique, et 3 millions sont luthériens ; le reste se compose de juifs, mahométans, etc. — Ses souverains portent le titre d'empereur ou de *tzar*. Le **gouvernement** y est absolu, et la couronne est héréditaire, même pour les femmes. — Depuis Pierre le Grand, la civilisation,

favorisée par les souverains de ce vaste empire, s'y est introduite rapidement; et les paysans, qui étaient restés *Serfs*, ont reçu la liberté.

La Russie est composée presque entièrement de vastes plaines dont la température est assez froide, mais qui sont généralement fertiles. La partie méridionale et surtout la Crimée jouissent d'un climat doux et agréable; on y récolte en abondance du blé, du lin, du chanvre, du tabac et même du vin. La partie septentrionale, exposée à un froid rigoureux, est tout à fait stérile; l'Est est couvert d'immenses forêts, et le Sud-Est de plaines sablonneuses et imprégnées de sel. Les monts Ourals renferment des mines de diamants, d'or, de cuivre et de fer. Quelque immenses que soient les territoires soumis à la Russie en Europe, ils ne forment qu'environ le quart de cet empire, qui s'étend encore dans le nord de l'Asie et de l'Amérique, et dont toutes les possessions réunies égalent la septième partie de la terre habitable.

La Pologne, qui formait, avant la fin du siècle dernier, un des plus grands royaumes de l'Europe, fut, comme nous l'avons dit plus haut, démembrée par la Russie, la Prusse et l'Autriche, qui s'en partagèrent les provinces. Reconstituée en 1807, sous le nom de grand-duché de Varsovie, elle a repris, en 1815, le nom de royaume de Pologne sous la souveraineté de l'empereur de Russie, qui la faisait gouverner par un vice-roi, avec un sénat et une chambre de députés. Jalouse de recouvrer son indépendance, elle a soutenu avec gloire contre la Russie, en 1831, une lutte sanglante que l'extrême disproportion de ses forces a fini par lui rendre fatale, mais dans laquelle elle s'est illustrée au plus haut degré par son courage et son patriotisme. Le climat et les productions de la Pologne sont les mêmes que ceux de la Russie. On y rencontre beaucoup de marais et des forêts considérables.

78. **COLONIES. POSSESSIONS LOINTAINES.** — La Russie ne possède pas de colonies proprement dites, si toutefois l'on ne veut donner ce nom à ses possessions en Asie et en Amérique. La **Russie d'Asie** se divise en deux parties : la **Sibérie** et la Russie du Caucase ou **Transcaucasie**. (V. classe de 6e, n° 95) : l'une occupe tout le N. de l'Asie, l'autre les pays entre la mer Noire et la mer Caspienne, au S. du Caucase et au N. de la Perse. — Le N. O. de l'**Amérique du Nord** fait également partie de l'empire Russe; mais ce pays est désert, et il n'y a, à proprement parler, que les côtes et quelques îles occupées par les Russes. La plus importante de ces îles est celle de **Sitka**, où est bâtie la NOUVELLE-ARKANGEL, chef-lieu des possessions russes en Amérique.

QUESTIONNAIRE. — 71. Quelle est la position de l'empire Russe? — Quelles sont ses limites? — 72. Quelles sont les parties dont se compose cet empire? — En combien de gouvernements se divise-t-il? — Comment les partage-t-on? — 73. 74. 75. Quelle est la capitale actuelle, et quelle était l'ancienne capitale de l'empire Russe ? — Quelles sont les principales villes des provinces septentrionales..., centrales... méridionales... de la Finlande... du Caucase et des provinces polonaises ? — 76. Quelles sont les îles qui appartiennent à l'empire et dans quelles mers sont-elles situées ? — 77. Quelle est l'étendue et la population de l'empire ? — Quelles religions y sont suivies ? — Quel est le gouvernement ? — Quel est l'état de la civilisation ? — Quel est le climat et quelles sont les productions des diverses parties de l'empire ? — Quelle portion du globe occupe cet empire ? — Faites connaître les faits qui ont amené l'annexion de la Pologne à la Russie. — 78. Quelles sont les possessions lointaines de la Russie ? — Comment se divisent-elles ? — Quel est le chef-lieu des possessions de l'Amérique russe ?

CHAPITRE SIXIÈME

ALLEMAGNE.

SOMMAIRE.

79. L'ALLEMAGNE, située au centre de l'Europe, se divise en 36 États; elle a pour limites : la mer Baltique, le Danemark, la mer du Nord, les Pays-Bas, la Belgique, la France et la Suisse, l'Autriche, la Pologne et la Russie.
80. Les États confédérés avaient ensemble soixante-neuf voix à l'assemblée générale; plusieurs d'entre eux sont ou seront décrits avec la Hollande ou la Prusse.
81. Grand-duché d'OLDENBOURG, enclavé dans le Hanovre. Pop. 275 mille habitants; gouvernement absolu; capitale, Oldenbourg. — La seigneurie de KNIPHAUSEN, enclavée dans l'Oldenbourg, a 3,200 hab.
82. Duché de BRUNSWICK, composé de 6 territoires enclavés dans la Prusse; 280,000 habitants; gouvernement représentatif; capitale, Brunswick.
83. Les deux principautés de LIPPE, enclaves du Brunswick et du Hanovre; capitales, Detmold et Buckeberg.
84. Principauté de WALDECK, enclave des précédentes; capitale, Corbach.
85. Grands-duchés du MECKLEMBOURG : 2 duchés au S. de la mer Baltique. — Schwerin, à l'O.; 550,000 hab.; capitale, Schwerin. — Strélitz, à l'E.; 99,000 hab.; capitale, Strélitz.
86. Grand-duché de HESSE-DARMSTADT, au S. de la Prusse; 800 mille hab.; capitale Darmstadt.
87. Landgraviat de HESSE-HOMBOURG, enclavé dans les précédents; capitale Hombourg.
88. Grand-duché de BADE, au S. de la Hesse-Darmstadt, borné au S. et à l'O. par le Rhin; 1,400,000 hab.; monarchie représentative; capitale, Karlsruhe.

*89. Royaume de WURTEMBERG, borné par le grand-duché de Bade et la Bavière; 1,800,000 habitants; monarchie représentative; capitale, Stutlgard.
90. Les deux principautés de HOHENZOLLERN, au S. du Wurtemberg; capitale, Hechingen et Sigmaringen.
91. Royaume de BAVIÈRE, borné par la Saxe, la Hesse, le Wurtemberg et les Etats autrichiens. Il possède, à gauche du Rhin, une province limitrophe de la France; 4,700,000 hab.; monarchie représentative; capitale, Munich.
92. La principauté de LICHTENSTEIN au S. de la Bavière, cap. Vadutz.
93. Duchés de SAXE. — 4 duchés à l'E. du Brunswick et de la Prusse : Saxe-Weimar, 273,000 hab.; — Saxe-Cobourg-Gotha, 159,000 hab.; — Saxe-Meiningen-Hidburghausen, 172,000 hab.; — Saxe-Altenbourg, 137,000 hab.
94. Au milieu de ces duchés sont enclavées : 1° les 2 principautés de SCHWARZBOURG, Rudolstadt et Sondershausen.
95. 2° Les 2 principautés de REUS, Greitz et Schleitz.
*96. 3° Les 2 principautés d'ANHALT, Dessau et Bernbourg.
97. Royaume de SAXE, entre la Prusse, la Saxe ducale et la Bohême; 2,227,000 hab.; gouvernement représentatif; capitale, Dresde.
98. Les VILLES LIBRES sont : Brême, sur le Weser; Hambourg, sur l'Elbe, et Lubeck, sur la Trave.
99. L'ancienne Confédération germanique était administrée par une diète siégeant à Francfort-sur-le-Mein, et dans laquelle chaque Etat était représenté suivant son importance. La POPULATION de 43 millions d'habitants, luthériens au Nord et catholiques au Midi, dont 15 millions seulement pour les Etats qui n'avaient pas de provinces étrangères à la Confédération. Le climat est humide et froid, le pays est accidenté et boisé. Les montagnes renferment des mines abondantes de métaux utiles et quelques pierres précieuses.

79. SITUATION ET LIMITES DE L'ALLEMAGNE. — L'Allemagne (*Deutschland*) occupe le Nord de la partie centrale de l'Europe. Elle formait jusqu'en ces derniers temps une confédération de 40 Etats, nommée Confédération Germanique, dont le tableau ci-après donne la composition. La Prusse ayant conquis le Holstein, le Lauenbourg et le Schleswig en 1864 et 1865, puis le Hanovre, la Hesse-Cassel, le Nassau et Francfort en 1866, la Confédération Germanique a été rompue, et un nouvel Etat fédéral, dont l'Autriche sera exclue, doit être formé prochainement.

L'Allemagne a pour limites : au N. la mer Baltique, le Danemark et la mer du Nord; à l'O. les Pays-Bas, la Belgique, la France et la Suisse; au S. l'Empire d'Autriche, et à l'E. les provinces polonaises des empires d'Autriche et de Russie et du royaume de Prusse.

80. TABLEAU DES ETATS DE LA CONFÉDÉRATION GERMANIQUE. — Le tableau suivant indique quel rang chacun des Etats allemands occupait dans la Confédération, et dans quelle proportion il était représenté dans l'une et l'autre diète.

NOM DES ÉTATS D'APRÈS LEUR RANG A LA DIÈTE.	Voix à la diète.	Superficie en kilomèt. carrés.	Population
(1) I 1 Empire d'Autriche..................	4	196,735	11,714,000
II 2 Royaume de Prusse.................	4	184,965	12,466,000
III 3 Royaume de Bavière..............	4	76,890	4,500,000
IV 4 Royaume de Saxe.................	4	14,960	2,000,000
V 5 Royaume de Hanovre...............	4	38,335	1,800,000
VI 6 Royaume de Wurtemberg...........	4	19,910	1,800,000
VII 7 Grand-duché de Bade..............	3	15,180	1,400,000
VIII 8 Grand-duché de Hesse-Cassel........	3	10,010	721,500
IX 9 Grand-duché de Hesse-Darmstadt......	3	8,415	800,000
10 Landgraviat de Hesse-Hombourg......	1	275	23,500
X 11 Duchés de Holstein et de Lauenbourg...	3	9,623	477,100
XI 12 Gr.-duchés de Luxembourg et de Limbourg	3	4,895	332,000
XII 13 Grand-duché de Saxe-Weimar.........	1	3,685	246,000
14 Duché de Saxe-Cobourg-Gotha........	1	2,090	140,000
15 Duc. de Saxe-Meiningen et Hildburghausen	1	2,420	149,000
16 Duché de Saxe-Altenbourg...........	1	1,320	122,000
XIII 17 Duché de Brunswick................	2	3,960	260,000
18 Duché de Nassau...................	2	4,675	400,000
XIV 19 Grand-duché de Mecklembourg-Schwérin.	2	12,540	500,000
20 Grand-duché de Mecklembourg-Strélitz..	1	2,585	88,000
XV 21 Grand duché d'Oldenbourg et Seigneurie de Kniphausen...................	1	6,570	275,000
22 Duché d'Anhalt-Dessau	1	825	61,500
23 Duché d'Anhalt-Bernbourg...........	1	770	47,000
24 Duché d'Anhalt-Kœthen............	1	660	40,000
25 Princip. de Schwarzbourg Sondershausen.	1	825	56,000
26 Principauté de Schwarzbourg-Rudolstadt.	1	880	66,000
XVI 27 Princip. de Hohenzollern-Hechingen (1).	1	330	20,000
28 Princip. de Hohenzollern-Sigmaringen (2)	1	715	43,000
29 Principauté de Lichtenstein...........	1	165	6,500
30 Principauté de Waldeck	1	1,210	56,500
31 Principauté de Reuss-Greitz..........	1	385	31,500
32 Principautés de Reuss-Schleitz et de Reuss-Lobenstein-Ebersdorf.............	1	770	72,000
33 Principauté de Schauenbourg Lippe.....	1	550	27,500
34 Principauté de Lippe-Detmold........	1	1,155	83,000
XVII 35 Ville libre de Lubeck................	1	330	47,000
36 Ville libre de Francfort sur-le-Mein.....	1	110	64,500
37 Ville libre de Brême...............	1	275	58,000
38 Ville libre de Hambourg..............	1	385	153,500
En tout 40 États.	69	632,080	41,156,500

Des 40 Etats que nous venons de mentionner, dans le tableau ci dessus, ceux qui font partie des *Pays-Bas* ont été

---

(1) Les chiffres romains indiquent la répartition des voix à la diète de 17 membres. Plusieurs Etats sont souvent réunis pour une seule voix.
(2) Ces deux Etats sont unis à la Prusse.

OLDENBOURG. — BRUNSWICK. — MECKLEMBOURG. 49

déjà décrits (n⁰ 53) avec ce royaume; ceux qui appartiennent à la Prusse et à l'Autriche le seront au chapitre prochain, n⁰ˢ 100 et 108, lorsque nous étudierons ces monarchies. Il nous reste donc à décrire ici les 30 autres Etats; nous le ferons en procédant géographiquement du N. au S. et de l'O. à l'E.

81. I. GRAND-DUCHÉ D'OLDENBOURG. — Le grand-duché d'Oldenbourg est entouré de toutes parts par le Hanovre, si ce n'est au N., où il touche la mer d'Allemagne. — Cette petite monarchie absolue compte 295,000 habitants. Le pays produit d'excellents chevaux. — Il a pour capitale OLDENBOURG, à peu près au centre, jolie ville assez commerçante.

II. SEIGNEURIE DE KNIPHAUSEN. — Cette petite seigneurie, le plus faible des Etats Allemands, est enclavée au N. par l'Oldenbourg; elle compte seulement 3,200 habitants, et *Kniphausen*, où se trouve le château du comte de Bentinck, son seigneur, n'en a qu'une cinquantaine.

82. III. DUCHÉ DE BRUNSWICK (*Braunschweig*). — Ce duché se compose de six territoires, enclavés dans la Prusse, et comprenant ensemble une population de 280,000 habitants. — Il a un gouvernement représentatif. — Capitale BRUNSWICK (*Braunschweig*), sur l'*Ocker*, tributaire du Weser, grande ville qui possède de beaux édifices (43,000 habitants). — *Wolfenbüttel*, plus au S. E., a une belle bibliothèque.

83. IV ET V. PRINCIPAUTÉS DE LIPPE. — On peut placer parmi les enclaves du Brunswick et de la Prusse les principautés de LIPPE-DETMOLD (109,000 habitants); capitale DETMOLD, au S. O. de Hanovre, et de SCHAUENBOURG-LIPPE (31,600 habitants); capitale BUCKEBERG, plus au N.

84. VI. WALDECK. — Cette principauté (58,500 habitants) est enclavée aussi en partie dans les précédentes. Outre sa capitale CORBACH, au S. de Detmold, on doit y citer *Pyrmont*, renommée par ses eaux minérales.

85. VII ET VIII. GRANDS-DUCHÉS DE MECKLEMBOURG. — Le Mecklembourg, situé au N. E. de la Prusse, sur la mer Baltique, forme deux grands-duchés, distingués entre eux par les noms de leurs capitales. Ces deux grands-duchés sont :

VII. Celui de **Mecklembourg-Schwérin**, à l'O., avec une population de 552,000 habitants; capitale SCHWÉRIN, entre deux lacs, dont le plus considérable porte son nom et renferme plusieurs îles, dans l'une desquelles est bâti le palais du grand-duc. — *Ludwigslust*, joli bourg, plus au S., a un château magnifique où le prince faisait autrefois sa résidence ordinaire. — *Rostock*, plus au N., port sur la Baltique, près de l'embouchure de la *Warnow*, est la ville la plus grande, la plus industrieuse et la plus commerçante du grand duché (49,000 habitants).

VIII. Le grand duché de **Mecklembourg-Strélitz**, à l'E. du précédent, a 99,000 habitants; capitale STRÉLITZ, divisée en *vieux* et *nouveau Strélitz*. Le dernier renferme le palais du grand-duc.

86. IX. GRAND-DUCHÉ DE HESSE-DARMSTADT. — Le grand-duché de Hesse-Darmstadt est situé au S. de l'ancienne principauté de Hesse-Cassel, actuellement réunie à la Prusse. Il compte 800,000 habitants. Ses principales villes sont : — DARMSTADT, vers le S., près de la rive droite du Rhin, capitale du grand-duché, avec de beaux édifices et un riche musée (30,000 habitants). — MAYENCE (*Mainz*), sur la rive gauche du Rhin, vis-à-vis son confluent avec le Mein; siége d'un évêché catholique et la plus importante forteresse de l'Allemagne (41,000 habitants). — *Worms*, plus au S. O., sur la rive gauche du Rhin, ville très-ancienne, célèbre sous les Carlovingiens, et dans laquelle s'assemblèrent souvent les diètes germaniques.

87. X. HESSE DE HOMBOURG. — Le petit landgraviat de ce nom se compose de plusieurs territoires enclavés dans les Etats précédents, et comprenant ensemble 27,000 habitants Cette monarchie doit son surnom à sa capitale, petite ville de 3,000 habitants, au N. de Francfort-sur-le-Mein.

88. XI. GRAND-DUCHÉ DE BADE. — Le grand-duché de Bade, situé au S. de celui de Hesse-Darmstadt, s'étend tout le long de la rive droite du Rhin, qui le sépare de la France. — Il compte 1 million 400,000 habitants. Son gouvernement est monarchique et représentatif. — Ses villes principales sont : KARLSRUHE, vers le N., non loin du Rhin, capitale du grand-duché; ville bâtie très-régulièrement et possédant de beaux édifices (27,000 habitants). — MANHEIM, plus au N., au confluent du Neckar et du Rhin; la seconde du grand-duché. — CONSTANCE (*Konstanz*), plus au S. E., sur la rive méridionale du lac de son nom. — *Heidelberg*, au S. E. de Manheim, ancienne et fameuse université, possède un observatoire. — *Rastadt*, au S. O. de Karlsruhe, célèbre par les congrès de 1714 et 1798. — BADE ou *Baden-Baden*, un peu plus au S., jolie petite ville renommée par ses eaux thermales.

89. XII. ROYAUME DE WURTEMBERG. — Le royaume de Wurtemberg est renfermé entre le grand-duché de Bade, au N. O., à l'O. et au S. O., et la Bavière, au S. E., à l'E. et

au N. E. — Sa population est d'environ 1 million 800,000 habitants, la plupart luthériens. Son gouvernement est monarchique et représentatif. Les principales villes sont : STUTGART, au centre, près du Neckar, capitale du royaume, possédant une des plus riches bibliothèques du monde (56,000 habitants). — LUDWIGSBURG, un peu plus au N., aussi sur le *Neckar*, chef-lieu du cercle de ce nom, petite ville moderne, la plus régulière et la principale place d'armes du royaume, avec un vaste château royal. — ULM, au S. E. de Stutgart, sur le Danube, chef-lieu du cercle du *Danube*, avec une magnifique cathédrale. Les Français y firent prisonnière, en 1805, une armée allemande de 36,000 hommes.

90. XIII ET XIV. PRINCIPAUTÉS DE HOHENZOLLERN. — Les deux principautés de Hohenzollern sont situées au S. du Wurtemberg ; elles se distinguent par le nom de leurs capitales : HECHINGEN, au N., petite ville voisine du château de Hohenzollern, berceau de la famille royale régnante en Prusse ; et SIGMARINGEN, plus au S. E., sur le Danube. Ces principautés sont réunies à la Prusse (65,000 habitants).

91. XV. ROYAUME DE BAVIÈRE. — Le royaume de Bavière (*Baiern*) est borné au N. par la Saxe, à l'O. par la Prusse, la Hesse et le Wurtemberg, au S. par le Tyrol, et à l'E. par l'Autriche et la Bohême. Il comprend, en outre, sur la rive gauche du Rhin, le *Cercle du Rhin* ou **Bavière Rhénane**, enclavé entre la Hesse au N., le grand-duché du Bas-Rhin à l'O., la France au S., et le Rhin, qui le sépare du grand-duché de Bade, à l'E. Sa population est de 4 millions 700,000 habitants, dont la grande majorité professe la religion catholique. Son gouvernement est une monarchie représentative.

Les villes les plus remarquables de la Bavière sont : MUNICH (*München*), vers le S., sur l'*Isar*, affluent du Danube, capitale du royaume et du cercle de la **Bavière supérieure** ; archevêché ; l'une des plus belles villes de l'Europe (138,000 habitants). — PASSAU, plus au N. E., au confluent de l'*Inn*, de l'*Itz* et du Danube ; ville très-ancienne et très-forte. — AUGSBOURG, au N. O. de Munich, sur le *Lech*, affluent du Danube ; évêché ; ville très-industrieuse (45,000 habitants). — RATISBONNE (*Regensburg*), plus au N. E., au confluent de la *Regen* et du Danube, que l'on y passe sur un beau pont ; ancienne capitale de la Bavière sous la race carlovingienne ; évêché. — *Nuremberg*, ville forte, la seconde de la Bavière par sa population (60,000 habitants), et l'une des plus importantes de l'Allemagne par son industrie et son commerce.

— SPIRE, près de la rive gauche du Rhin; évêché; ville importante au moyen âge; capitale du cercle du **Palatinat** ou de la *Bavière Rhénane*, où l'on remarque encore : *Landau*, plus au S. O., forteresse très-importante, autrefois à la France; *Deux-Ponts*, ancienne capitale du duché de ce nom.

92. XVI. **Principauté de Lichtenstein**. — La principauté de Lichtenstein (7,000 habitants) est située au S. O. de la Bavière; elle est limitée à l'O. par le Rhin, et partout ailleurs par le Tyrol autrichien; sa capitale est VADUTZ, sur le Rhin.

93. XVII, XVIII, XIX ET XX. **Duchés de Saxe**. — Les possessions de la branche *ducale* de la maison de Saxe sont situées à l'E. du Brunswick et de la Prusse, dans l'ancien duché de Saxe, devenu en grande partie une province prussienne. Elles sont divisées, depuis la fin de 1826, en quatre principautés portant les noms suivants, savoir :

XVII. Le grand-duché de **Saxe-Weimar**, ayant 268,000 habitants et pour villes principales : WEIMAR, capitale, au centre, l'une des villes savantes de l'Allemagne. — IÉNA, au S. E. de Weimar, célèbre par son université et par une grande victoire des Français sur les Prussiens en 1806.

XVIII. Le duché de **Saxe-Cobourg-Gotha**, renfermant 159,000 habitants, et ayant pour villes principales : COBOURG, au S., sur l'*Itz*, et GOTHA, au N., sur la *Leine*, ville importante par son industrie et ses établissements scientifiques.

XIX. Le duché de **Saxe-Meiningen-Hildburghausen-et-Saalfeld**, peuplé de 172,000 habitants, et ayant pour villes principales : MEININGEN, jolie petite capitale, à l'O.; HILDBURGHAUSEN, au S. E., et SAALFELD, au N. E.

XX. Le duché de **Saxe-Altenbourg**, peuplé de 137,000 habitants, et ayant pour capitale ALTENBOURG, sur la *Pleiss*, à l'E. de Weimar.

Au milieu des duchés de Saxe sont disséminées les 6 principautés suivantes, savoir :

94. XXI ET XXII. Les deux principautés des SCHWARZBOURG (136,000 habitants), distinguées par les noms de leurs capitales : RUDOLSTADT, au S. E. de Gotha, remarquable par ses établissements littéraires. — SONDERSHAUSEN, beaucoup plus au N. O., jolie ville de 3,600 habitants.

95. XXIII ET XXIV. Les deux principautés de la maison de REUSS (125,000 habitants) se distinguent aussi par le nom de leurs capitales, savoir : GREITZ, au S. E. d'Iéna, ville industrieuse de 10,000 habitants, — et SHLEITZ, plus au S. O.,

jolie ville de 5,000 habitants. — *Gera*, plus au N. E., est la ville la plus importante des deux principautés (14,000 habitants).

96. XXV ET XXVI. Les deux principautés de la maison d'ANHALT (182,000 habitants), distinguées également par les noms de leurs capitales, savoir : DESSAU, au N. des précédentes, dans la délicieuse vallée de la *Mulde* (10,000 habitants). — BERNBOURG, plus à l'O. (5,000 habitants). — KOETHEN, plus au S. E.

97. XXVII. ROYAUME DE SAXE. — Le royaume de Saxe (*Sachsen*), dont le souverain a perdu, en 1814, une partie de ses anciennes possessions, est borné au N. et à l'E. par la Prusse, à l'O. par les principautés précédemment décrites, au S. enfin par la Bohême. Il contient 2,226,000 habitants. Le gouvernement est monarchique et représentatif.

Les villes les plus importantes sont : DRESDE, sur l'Elbe, capitale du royaume, l'une des villes les plus belles et les mieux situées de l'Allemagne. Les Français y battirent, en 1813, les armées confédérées (130,000 habitants). — LEIPZICK, au N. O. de Dresde, fameuse par ses trois foires annuelles, consistant surtout en livres, par son université et par la terrible bataille qui se livra dans ses plaines en 1813 ; patrie de Leibnitz (80,000 habitants). — FREIBERG, plus au S. E., dont les riches mines d'argent fournissent, par an, plus de 15,000 kilog. de ce métal.

98. XXVIII, XXIX ET XXX. VILLES LIBRES. — Les trois villes libres de l'Allemagne sont :

BRÊME, au N., sur le Wéser, entre le grand-duché d'Oldenbourg à l'O. et le Hanovre à l'E. ; entrepôt de commerce d'une partie du N. de l'Allemagne (98,000 habitants).

HAMBOURG, plus au N. E., sur l'Elbe, enclavé dans les nouvelles possessions de la Prusse, entre le Hanovre au S., le Holstein à l'O. et au N., et le Lauenbourg à l'E. ; l'une des villes les plus commerçantes de l'Europe (176,000 habitants) ; elle a pour port avancé *Cuxhaven*, à l'embouchure de l'Elbe.

LUBECK, plus au N. E. encore, sur la *Trave*, une des places de commerce les plus considérables de l'Europe (32,000 habitants). — *Travemünde*, situé à l'embouchure de la Trave dans la Baltique, peut être regardée comme le port de Lubeck.

99. GOUVERNEMENT. POPULATION. RELIGION. NOTIONS DIVERSES. — La Confédération Germanique dissoute par la guerre (1866) était administrée par une diète ou assemblée siégeant à FRANCFORT-SUR-LE-MEIN. Cette assemblée, présidée par l'Autriche, se composait de dix-sept membres, pour toutes les affaires ordinaires, et de soixante-neuf membres, parmi lesquels chacun des Etats était représenté en proportion de son importance, pour les affaires qui touchent aux lois fondamentales. La population générale était d'environ 43 millions d'habitants, chez lesquels le luthéranisme domine dans le Nord et la religion catholique dans le Midi. Dans ce nombre est comprise la population des provinces appartenant à l'Allemagne, dans les Etats de la Hollande, de la Prusse et de l'Autriche, sans lesquelles la population des autres Etats réunis dépasse à peine 15 millions et demi.

Le climat de l'Allemagne est froid et humide dans le nord, couvert en grande partie de landes et de marécages; le centre et le midi sont entrecoupés de montagnes, de vallons très-fertiles et d'immenses forêts, dont la plus célèbre est la forêt Noire, dans le grand-duché de Bade et le Wurtemberg. La température y est généralement douce et salubre. Les bords du Rhin produisent des vins estimés. Les montagnes du centre, parmi lesquelles on distingue celles du Harz, au S. E. du Hanovre, sont riches en métaux de toute espèce, et particulièrement en argent et en plomb; celles du Erz, qui séparent le royaume de Saxe de l'empire d'Autriche, recèlent d'abondantes mines d'un fer excellent que les Allemands ont l'art de travailler avec une rare perfection. Toutes ces montagnes renferment aussi un grand nombre de pierres précieuses, telles que des topazes, des agates, des améthystes et du cristal de roche.

QUESTIONNAIRE. — 79. Où est située l'Allemagne? — Quelles sont ses bornes? — 80. Indiquez les principaux Etats de l'ancienne Confédération, suivant le rang qu'ils occupaient dans la Confédération germanique. — 81. Décrivez le grand-duché d'Oldenbourg. — Décrivez la seigneurie de Kniphausen. — 82. Décrivez le duché de Brunswick. — 83. Décrivez les principautés de Lippe. — 84. Decrivez la principauté de Waldeck. — 85. Décrivez les duchés de Mecklembourg. — 86. Décrivez le grand-duché de Hesse-Darmstadt. — 87. Décrivez le landgraviat de Hesse-Hombourg. — 88. Faites connaître le grand-duché de Bade. — 89. Quels sont les bornes, la population, la religion et le gouvernement, les villes principales du royaume de Wurtemberg? — 90. Faites connaître les principautés de Hohenzollern. — 91. Quels sont les bornes, la population, la religion et le gouvernement du royaume de Bavière? — 92. Faites connaître la principauté de Lichtenstein. — 93. Décrivez les duchés de Saxe. — 94. Decrivez les principautés de Schwarzbourg. — 95. Décrivez les principautés de Reuss. — 96. Decrivez les principautés d'Anhalt. — 97. Faites connaître la géographie du royaume de Saxe. — 98. Faites connaître la situation, la population, l'importance des trois villes libres. — 99. Quel était le gouvernement de la Confédération Germanique? — Quelle est la population générale de la Confédération et quelles religions y sont suivies? — Quel est le climat et quelles sont les productions diverses qui forment la Confédération?

CHAPITRE SEPTIÈME

PRUSSE. — AUTRICHE.

SOMMAIRE.

§ I. 100. La PRUSSE, considérablement augmentée par ses conquêtes en 1866, est située au nord de l'Europe centrale. Elle est bornée à l'E. par la Russie, au N. par la Baltique, le Mecklembourg, le Danemark et la mer du Nord; à l'O. par les Pays-Bas et la Belgique, au S. par la Belgique, la France, la Hesse, la Bavière et l'Autriche.

101. La PRUSSE se divise en PROVINCES subdivisées en régences. Sept provinces anciennes sont situées à l'Est; deux anciennes à l'Ouest, puis le Schleswig, le Holstein, le Lauenbourg, conquis en 1865, le Hanovre, la Hesse et le Nassau au Centre et au Nord.

102. Les VILLES PRINCIPALES des provinces de l'Est sont : en Brandebourg, Berlin, capitale de la monarchie, et Brandebourg; en Saxe, Magdebourg et Erfurth; en Poméranie, Stettin et Stralsund; en Silésie, Breslau; dans la Prusse Royale, Danzig et Kœnigsberg; dans le duché de Posen, Posen et Gnesen.

103. Les villes des provinces de l'Ouest sont : en Westphalie, Munster, dans la Prusse Rhénane, Cologne, Aix-la-Chapelle, Dusseldorf.

104. Les villes des provinces conquises sont : Dans le Schleswig-Holstein, Schleswig, Kiel et Altona; en Hanovre, Hanovre et Osnabruck; en Hesse, Nassau, Cassel, Wiesbaden et Francfort-sur-le-Mein.

105. La Prusse possède trois ILES remarquables dans la mer Baltique : Wollin, Usedom et Rugen; capitale, Bergen.

106. Les POSSESSIONS ÉLOIGNÉES sont les deux principautés de Hohenzollern.

107. La POPULATION est d'environ 24 millions d'habitants, dont les deux tiers sont luthériens. Le gouvernement est une monarchie représentative. Cet Etat, qui n'a pris rang en Europe que depuis le commencement du dernier siècle, se développe rapidement. Le climat et les productions sont ceux de l'Allemagne.

§ II. 108. Les ETATS AUTRICHIENS, situés dans la partie centrale et méridionale de l'Europe, sont limités au N. par la Pologne, la Prusse et la Saxe; à l'O. par la Bavière et la Suisse; au S. par le royaume d'Italie, la mer Adriatique et la Turquie; à l'E. par la Turquie et la Russie.

109. Les États autrichiens sont divisés en QUATORZE GOUVERNEMENTS: six à l'O., formés des provinces allemandes; et huit au N., à l'E. et au S., formés des provinces Tchèques, Hongroises et Slaves.

110. Les SIX GOUVERNEMENTS allemands ont pour villes principales: 1° Dans la Basse-Autriche, chef-lieu Vienne, capitale de l'empire; 2° Haute-Autriche, chef-lieu Lintz; 3° Tyrol, chef-lieu Inspruck; 4° Stirie, capitale Graetz; 5° province de Laybach, N. du royaume d'Illyrie, chef-lieu Laybach; 6° province de Trente, S. du même royaume, chef-lieu Trieste.

111. Les gouvernements non allemands sont : 1° La Bohême, avec 4,700,000 hab.; capitale, Prague; 2° le gouvernement de Moravie et Silésie, à l'O. du précédent, a 3 millions d'habitants; capitale, Brunn; 3° le gouvernement de Galicie au N.E. de l'Autriche, contient 4 millions et demi d'habitants; capitale, Lemberg; Cracovie y est annexée; 4° le gouvernement de la Hongrie et 5° celui de Slavonie et Croatie ont 9 millions et demi d'habitants; capitale, Bude. Villes principales : Pesth, Presbourg et Agram; 6° le gouvernement de Transylvanie, au S. de la Hongrie, a 2 millions d'habitants; capitale, Klausenbourg; 7° le gouvernement des limites militaires comprend les frontières S. de la Hongrie et de la Transylvanie; 8° le gouvernement de Dalmatie, avec l'Albanie, au S. E. de la Croatie, a 360,000 habitants; capitale, Zara.

112. Les ÎLES ILLYRIENNES, situées sur les côtes de l'Adriatique, appartiennent à l'Autriche. Les principales sont : Veglia, Cherso, Brazza, Lesina, etc.

113. La POPULATION de l'empire dépasse 34 millions et demi d'habitants, dont 26 millions de catholiques; le reste protestants et grecs. Le climat et les productions sont variés par le voisinage des montagnes. La Hongrie produit des métaux précieux. La température est douce et salubre.

§ I. — PRUSSE (1).

100. SITUATION ET LIMITES. — Les **États du roi de Prusse** (*Preussen*), situés dans la partie centrale et septentrionale de l'Europe, se composaient, avant la dernière guerre (1866), de deux parties distinctes qui ont été réunies par la conquête du **Hanovre** et de la **Hesse-Cassel**, auxquels la Prusse a joint le **duché de Nassau** et la ville de **Francfort-sur-le-Mein**. Ce royaume s'est encore accru des duchés de **Holstein**, de **Schleswig** et de **Lauenbourg**, enlevés au Danemark en 1864 et 1865 après une guerre où la Prusse eut l'Autriche pour alliée. Par suite de ces acquisitions, la Prusse est maintenant bornée, à l'E. par la Russie; au N. par la Baltique, le Mecklembourg, le Danemark et la mer du Nord; à l'O. par les Pays-Bas et la Belgique, au S. par la Belgique, la France, la Hesse-Darmstadt, la Bavière et la Saxe. Plusieurs petits États indépendants sont enclavés dans son territoire. (V. n°s 81, 82, 83, 84, 87, 94, 95, 96 et 98.)

101. DIVISIONS. On peut diviser le royaume de Prusse en 3 parties, savoir : 1° **anciennes provinces de l'Est**, au nombre de sept, qui sont : la **Prusse royale**, divisée en deux provinces : la **Prusse orientale** et la **Prusse**, le **grand-duché de Posen**, la **Poméranie**, le

---

(1) Voir, dans l'Atlas de M. Ansart, la carte de l'EUROPE CENTRALE

grand-duché de **Brandebourg**, la **Saxe**, et la **Silésie**; 2° anciennes provinces de l'**Ouest**, au nombre de deux: la **Westphalie** et la **Prusse Rhénane**. Ces neuf provinces sont subdivisées en 25 régences. — 3° Les provinces conquises en 1865 et 1866, qui sont: le **Schleswig**, le **Holstein** et le **Lauenbourg**, au N.; le royaume de **Hanovre**, au centre; les duchés de **Hesse-Cassel** et de **Nassau**, et la ville de **Francfort**, ainsi que quelques districts, enlevés à la Hesse-Darmstadt et à la Bavière, au S. — De plus, la Prusse possède plusieurs îles dans la mer Baltique.

102. Villes principales des provinces de l'Est. Les villes principales des anciennes provinces de l'Est sont:

Dans le **Brandebourg**: BERLIN, sur la Sprée, capitale du grand-duché de *Brandebourg* et de tout le royaume de Prusse (606,000 habitants). Au S. O. est *Potsdam*, chef-lieu de régence, le Versailles de la Prusse (42,000 habitants), et voisin du célèbre château de *Sans-Souci*, maison de plaisance des rois. — *Francfort*, sur l'Oder, au S. E. de Berlin, chef-lieu de cercle, célèbre par ses foires, ses belles rues et ses monuments. — *Brandebourg* (*Brandeburg*), à l'O. de Potsdam, ville très-ancienne, qui a donné son nom au margraviat devenu ensuite électorat, puis grand-duché (20,000 habitants).

Dans la **Saxe**: MAGDEBOURG, sur l'Elbe, capitale du duché de *Saxe*, ville très-forte (78,000 habitants et 102,000 avec les faubourgs). — *Erfurt*, ville forte, enclavée entre les principautés de Saxe-Gotha et de Weimar, chef-lieu de régence (32,000 habitants). — *Halle*, au S. E. de Magdebourg, remarquable par ses salines et par sa célèbre université (38.000 habitants). — *Lutzen*, au S. E., illustrée par deux victoires, l'une remportée sur l'empereur d'Allemagne, en 1632, par le roi de Suède Gustave-Adolphe, qui la paya de sa vie, et l'autre gagnée par les Français sur les Prussiens et les Russes, en 1813.

Dans la **Poméranie prussienne**: STETTIN, au N. E. de Berlin, sur l'Oder, capitale de la province, ville très-forte et très-commerçante (64,000 habitants). — *Stralsund*, au N. O. de Stettin, sur le détroit qui sépare l'île de Rügen du continent; capitale de l'ancienne *Poméranie suédoise*, ville très-forte (19,000 habitants).

Dans la **Silésie**: BRESLAU, au S. E. de Berlin, sur l'Oder, capitale de la province, et qui mérite le nom de troisième capitale de la Prusse par ses monuments, son industrie, son commerce et sa population, qui est de 130,000 habitants. GLOGAU, plus au N., place forte sur l'Oder (15,000 habitants). — OPPELN, plus au N. E., sur l'Oder, chef-lieu de régence.

Dans la **Prusse Royale** : DANZIG, au N., près de la Vistule et du golfe auquel elle donne son nom ; capitale d'une régence formée de l'ancienne *Prusse occidentale*, et l'une des villes les plus importantes de l'Europe par son commerce et par ses richesses (83,000 habitants). KOENIGSBERG, au N. E., sur e *Prégel*, près de la mer ; ville forte. Elle est la seconde capitale du royaume et celle de la province de *Prusse*, formée de l'ancienne *Prusse royale* (95,000 habitants). — *Eylau* et *Friedland*, au S. E. de Kœnigsberg, célèbres par les victoires qu'y remportèrent les Français sur les Prussiens et les Russes, en 1807, et qui amenèrent la paix qui fut signée à *Tilsitt*, près du Niémen, au N. E. de Kœnigsberg.

Dans le **grand duché de Posen** : POSEN (*Poznan*), sur la Warta, capitale du grand-duché (51,000 habitants). — *Gnesen* ou *Gnesne*, au N. E. de Posen, archevêché catholique dont le titulaire réside à Posen. C'est, dit-on, la première ville bâtie en Pologne ; on y couronnait autrefois les rois de ce pays. — *Bromberg*, au N. E. de Posen, chef-lieu de régence.

105. VILLES PRINCIPALES DES PROVINCES DE L'OUEST.
— Les villes principales des provinces de l'Ouest sont :

Dans la **Westphalie** : MUNSTER, au N. O., capitale de la province, évêché ; célèbre par le traité de paix de 1648 (25,000 habitants). — MINDEN, au S. E. de Munster, chef-lieu d'une régence où l'on trouve encore, plus au S. PADERBORN, évêché ; ville fondée, dit-on, par Charlemagne.

Dans la **Prusse Rhénane** : COLOGNE (*Koln*), sur le Rhin, capitale de la province, archevêché catholique ; ville forte, renommée par son eau aromatique (124,000 habitants). — AIX-LA-CHAPELLE (*Aachen*), au S. O. de Cologne, chef-lieu de régence, choisie par Charlemagne pour être le siège de son empire, et célèbre par plusieurs traités de paix (60,000 habitants). — *Dusseldorff*, au S. O. de Munster, ville grande et industrieuse, avec un port très-actif sur le Rhin, chef lieu de régence (41,000 habitants). — *Elberfeld*, ville très-manufacturière (36,000 habitants). — *Coblentz*, au confluent du Rhin et de la Moselle, chef-lieu de régence, ville forte (25,000 habitants). — *Trèves* (*Trier*), sur la Moselle, ville très-importante sous les Romains, et regardée comme la plus ancienne de l'Alemagne, chef-lieu de régence, évêché.

104. Villes principales des provinces conquises.
— Les villes principales des provinces conquises sont :

Dans le **Schleswig**, le **Holstein** et le **Lauenbourg :** SCHLESWIG, au fond du golfe de la Schley, formé par la mer Baltique, ville industrieuse et commerçante. — GLUCKSTADT, capitale du duché de Holstein, port franc sur l'Elbe. — KIEL, beau port sur la Baltique, et *Altona*, port très-commerçant sur la rive droite de l'Elbe, près de son embouchure dans la mer du Nord (45,000 habitants). — LAUENBOURG, sur l'Elbe, capitale du duché de son nom.

Dans le **Hanovre**, divisé en sept districts : HANOVRE (*Hannover*), vers le S. E., sur la *Leine*, affluent de l'*Aller*, ancienne capitale du royaume, ville industrieuse et très-commerçante (71,000 habitants). — OSNABRUCK, plus au S. O., siège d'un évêché catholique, autrefois souverain, remarquable par ses fabriques de draps et ses importants marchés de toiles. — A la même province appartient, quoique située bien plus au S., *Gottingen* ou *Gœttingue*, célèbre par son université et sa riche bibliothèque. — KLAUSTHAL, plus au N. E., est le chef-lieu du district minier du *Hartz*. — LUNEBOURG, au N. E. du royaume, capitale du duché du même nom, très-commerçante.

Dans la **Hesse** et le **Nassau :** CASSEL, sur la *Fulde*, affluent du Weser, au S. de Hanovre, l'une des plus belles villes de l'Allemagne, ancienne capitale de la principauté de Hesse Électorale ou Hesse-Cassel (39,000 habitants). — WIESBADEN, au N. du confluent du Mein et du Rhin, ancienne capitale du duché de Nassau ; elle doit son nom à ses eaux thermales, déjà renommées sous la domination romaine. — FRANCFORT-SUR-LE-MEIN, à l'Est de Wiesbaden, ancienne capitale de la Confédération Germanique, possède une magnifique cathédrale, où l'on couronnait autrefois les empereurs d'Allemagne (76,000 habitants).

105. Iles. — La Prusse possède dans la mer Baltique trois îles, savoir : WOLLIN, USEDOM, entre les embouchures de l'Oder, renfermant chacune une ville du même nom. — RUGEN, vis-à-vis de Stralsund, au N. O. des précédentes, mais plus considérable, fortifiée par l'art et la nature. Capitale : *Bergen*, au N. (3,000 hab.).

106. Possessions éloignées. — On peut encore citer comme se rattachant à la Prusse les deux principautés de HOHENZOLLERN, *Hechingen* et *Sigmaringen*, berceau de la famille régnante en Prusse, qui sont depuis 1855 réunies à la Prusse. — Le roi de Prusse élevait aussi des droits à la possession de la ville et du canton suisse de Neuchâtel, mais l'indépendance de cet État et son annexion à la Confédération Helvétique ont été consacrées par un traité en 1857.

107. Population. Religion. Gouvernement. Notions diverses. — La **population** générale de tous les États prussiens monte environ à 24 millions et demi d'habitants, dont les deux tiers sont luthériens et un tiers catholiques. Le **gouvernement** est une monarchie représentative.

La Prusse n'a pris rang parmi les grandes nations européennes que depuis le commencement du siècle dernier; son territoire s'est agrandi des débris de la Pologne et des États de princes dépossédés à la suite des guerres du commencement du siècle et des années 1865 et 1866. Le climat et les productions de la Prusse sont à peu près les mêmes que ceux de l'Allemagne (n° 99). Les montagnes du *Harz*, riches en métaux précieux, s'étendent dans la partie méridionale. A leur pied se trouvent de belles vallées, couvertes de gras pâturages. Le grand-duché du Bas-Rhin, quoique en partie couvert de forêts, est généralement fertile en grains et en vins connus sous le nom de *vins du Rhin*. On recueille sur les bords de la mer, vers les embouchures de la Vistule, une grande quantité de succin ou ambre jaune.

§ II. — AUTRICHE (1).

108. Situation. Limites. — Les **États de l'empereur d'Autriche**, situés dans la partie méridionale du centre de l'Europe, sont bornés au N. par la Russie, la Saxe, la Prusse et la Bavière; à l'O. par la Bavière et la Suisse; au S. par le royaume d'Italie, la mer Adriatique et la Turquie d'Europe, qui les borne aussi à l'E.

109. Divisions. — Les États de l'empereur d'Autriche se divisent, suivant leur nationalité, en **provinces allemandes** à l'Ouest, formant 6 gouvernements; provinces **Tchèques** au Nord, formant 1 gouvernement, et provinces **Polonaises, Hongroises** et **Slaves** à l'Est et au Sud; ces dernières provinces sont divisées en 7 gouvernements.

110. Provinces allemandes de l'empire d'Autriche. — Les provinces allemandes de l'empire d'Autriche forment six gouvernements, savoir : 1° et 2° ceux de la **Basse** et de la **Haute-Autriche**; 3° celui du **Tyrol**, au S. O.; 4° celui de **Stirie**; 5° celui de **Laybach**, comprenant la **Carinthie** et la **Carniole**; 6° celui de **Trieste** ou de l'**Istrie autrichienne**, au S.

Villes principales. — Ces six gouvernements ont pour villes principales : VIENNE, sur le Danube, capitale de la **Basse-Autriche** et de tout l'empire; assiégée inutilement

---

(1) Voir, dans l'Atlas de M. Ansart, la carte de l'Europe centrale.

deux fois par les Turcs, et prise par les Français en 1805 et 1809. (Population, 580,000 habitants). A peu de distance se trouvent les maisons de plaisance impériales de *Laxembourg* et de *Schœnbrunn*. — *Wagram*, au N. E. de Vienne, célèbre par une grande victoire des Français en 1809. — LINTZ, sur le Danube, capitale de la *Haute-Autriche*, ville forte (24,000 habitants). — *Salzbourg*, au S. O. de Lintz, archevêché autrefois souverain; patrie de Charlemagne. — INSPRUCK (*Insbruck*), au S. O., sur l'Inn, capitale du *Tyrol*. — *Trente*, au S. O. d'Inspruck, sur l'Adige, fameuse par le concile général qui s'y tint, en 1545, contre les protestants. — GRÆTZ, au S. O. de Vienne, sur la Muhr; capitale de la *Styrie*; archevêché. — KLAGENFURT, au S. O. de Grætz, capitale de l'ancienne province de *Carinthie*. — LAYBACH, au S. E. de Klagenfurt, remarquable par le congrès de 1820, capitale de l'ancienne province de *Carniole*, et aujourd'hui d'un gouvernement qui comprend cette province et la précédente, et qui forme la partie septentrionale du *royaume d'Illyrie*, dont cette ville est aussi considérée comme la capitale. — TRIESTE, port de mer sur le golfe du même nom, formé par la mer Adriatique, capitale de l'ancienne *Istrie autrichienne*, et aujourd'hui du gouvernement de Trieste, qui comprend la partie méridionale du royaume d'*Illyrie* (105,000 habitants). — *Capo d'Istria*, plus au S., sur un rocher, joint à la terre par une chaussée, port fortifié et évêché, ancienne capitale de l'*Istrie autrichienne*. — *Pola*, autre port fortifié à l'extrémité de l'Istrie, évêché remarquable par ses belles antiquités romaines, arsenal de la marine militaire.

141! PROVINCES TCHÈQUES, POLONAISES, HONGROISES ET SLAVES DE L'EMPIRE D'AUTRICHE. — Ces provinces forment huit gouvernements, savoir : 1° au Nord, **province Tchèque** formant le gouvernement de **Bohême**; 2° **province Polonaise** formant le gouvernement de **Galicie**; 3° **provinces Slaves** et **Hongroises** formant le gouvernement de **Moravie** et **Silésie** à l'O., les deux gouvernements de **Hongrie** et **Croatie** au centre, celui de **Transylvanie** à l'E., et ceux des **Limites militaires** et de **Dalmatie** avec l'*Albanie* au S.

I. **Gouvernement de Bohême**. VILLES PRINCIPALES. — La Bohême (*Bœhmen*), située au N. de l'empire d'Autriche, est entourée complètement par les monts *Bœhmerwald*, *Erz*, *Riesen* et *Moraves*; elle forme un royaume dont la population dépasse 4 millions d'habitants. — Les villes principales sont : PRAGUE, au centre, sur la Moldau, capitale, ville grande et forte (143,000 habitants). Les Français y soutinrent un siége mémorable en 1742. — *Reichenberg*, au N., la seconde ville du royaume par sa population et son industrie (14,000 habitants). — *Tœplitz* et *Karlsbad*, vers la frontière du N. O., possèdent des sources d'eaux thermales renommées. — *Kœnigsgræts*, forteresse sur l'Elbe, a été en 1866 témoin d'une grande victoire des Prussiens sur l'armée autrichienne.

II. **Gouvernement de Galicie.** POSITION. POPULATION. VILLES PRINCIPALES. — Ce gouvernement, situé au N. E. de l'empire d'Autriche, comprend le royaume de *Galicie* et *Lodomérie*, provinces qui forment la partie méridionale de l'ancienne Pologne, dont l'Autriche s'est emparée en 1772, et la *Bukhowine*, petite province démembrée de la Moldavie. Il contient 5,560,000 habitants, et a pour villes principales : LÉOPOLD ou LEMBERG, au centre, capitale du royaume, ville grande et commerçante, prise d'assaut par le roi de Suède, Charles XII, en 1704 (60,000 habitants).

La république de KRAKOVIE (*Krakow*), du nom de sa capitale, située sur la Vistule, a été supprimée en 1846, et annexée à la Galicie.

III. **Gouvernement de Moravie et Silésie.** VILLES PRINCIPALES. — Ce gouvernement, composé de l'ancien margraviat de Moravie et de la portion de la Silésie qui est restée à l'Autriche, en 1742, après qu'elle en eut cédé la plus grande partie à la Prusse, est situé à l'E. de la Bohême, et renferme près de 2 millions d'habitants. — Ses villes principales sont : BRUNN, capitale de la *Moravie* et le centre de son commerce; archevêché (42,000 habitants). — Au S. E. se trouve la petite ville d'*Austerlitz*, illustrée par une fameuse victoire des Français sur les Autrichiens et les Russes, en 1805. — TROPPAU, au N. E. de Brunn, capitale de la *Silésie autrichienne* (12,000 habitants).

IV et V. **Gouvernements de Hongrie et de Croatie.** SITUATION. POPULATION. VILLES PRINCIPALES. — La HONGRIE (*Ungarn* en allemand, et *Maggyar-Orszag* en hongrois), située à l'E. de l'empire d'Autriche, forme un royaume auquel on a longtemps réuni les gouvernements de SLAVONIE ou ESCLAVONIE et de CROATIE, aujourd'hui distincts. Leur population est de plus de 9 millions et demi d'habitants. Les villes principales sont : BUDE ou OFEN, sur le Danube, au centre de la Hongrie, dont elle est capitale. Prise plusieurs fois par les Turcs (55,000 habitants). — PESTH, située sur la rive gauche du

Danube, en face de Bude, avec laquelle il communique par un pont de bateaux, est la ville la plus commerçante de la Hongrie (132,000 habitants). — *Presbourg*, sur le Danube, au N. O. de la Slave. — AGRAM, au S. O. de Bude, près de la Slave, capitale de la *Croatie*. — POSÉGA, au S. E. d'Agram, capitale de la *Slavonie*. — PÉTERVARADIN (*Peterwardein*), sur le Danube, l'une des plus fortes places du monde, célèbre par une fameuse bataille que le prince Eugène y gagna, en 1716, contre les Turcs. — TEMESWAR, plus au N. E., sur le *Témes*, affluent du Danube, ville industrieuse ; capitale de la petite province de *Banat* (13,000 habitants).

VI. **Gouvernement de Transylvanie.** VILLES PRINCIPALES. — La TRANSYLVANIE ou la *Grande principauté des Sept-Châteaux*, est située au S. de la Hongrie, et renferme 2 millions d'habitants. Ses villes principales sont : KLAUSENBOURG, au S. O., capitale du gouvernement et aussi de la principauté. — *Kronstadt*, place forte et la ville la plus importante de la Transylvanie par sa population, sa richesse et son industrie (27,000 habitants).

VII. **Gouvernement des Limites militaires.** — Toutes les frontières méridionales des gouvernements de Hongrie et de Transylvanie forment celui des *Limites militaires*, soumis à une administration particulière, divisé en *généralats* et *régiments*, dans le but de protéger ces frontières contre les Turcs, dont les possessions touchent de ce côté à celles de l'Autriche. Les quatre villes d'*Agram*, *Péterwardein*, *Temesvar* et *Hermannstadt*, sont les résidences des généraux, gouverneurs militaires de ces quatre généralats.

VIII. **Gouvernement de Dalmatie.** VILLES PRINCIPALES. — Le gouvernement de DALMATIE est formé du royaume de ce nom, situé au S. E. de celui de Croatie, et comprenant S. l'*Albanie Autrichienne*, avec une population de 360,000 habitants seulement. — Ses villes principales sont : ZARA, au S. E. de Capo d'Istria, capitale du royaume, quoiqu'elle ne renferme que 6,000 habitants, archevêché. — *Raguse*, au S. E. de Zara, bon port sur l'Adriatique ; capitale de l'ancienne république du même nom, archevêché (16,000 habitants). — *Cattaro*, plus au S. E., autre port fortifié au fond du beau golfe de ce nom, dont l'entrée est formée par des rochers et nommée *Bouches du Cattaro*.

112. ÎLES ILLYRIENNES. — Toutes les côtes N. E. de la mer Adriatique sont couvertes d'îles extrêmement nombreuses, dites *îles Illyriennes*, qui appartiennent aussi à l'Autriche. Les

principales sont : **Veglia**, au N., la plus belle et la mieux peuplée. — **Cherso**, au S. O. de Veglia; elle est très-longue et abondante en bétail et en miel excellent. — **Pago**, au S. E. des précédentes. — **Brazza**, au S. E. de Pago. — **Lesina**, au S. de Brazza; elle a 210 kilomètres de tour, et renferme une ville du même nom, avec un bon port. — **Corzola** et **Méléda**, au S. E. des précédentes. — *Lissa*, au S., fut en 1866 témoin d'une victoire navale des Autrichiens sur la flotte italienne.

113. POPULATION. RELIGION. GOUVERNEMENT ET NOTIONS DIVERSES. — La **population** de l'empire d'Autriche s'élève à plus de 34 millions et demi d'habitants, dont plus de 26 millions sont catholiques, et 700 mille environ sont juifs; le reste se partage entre les Églises grecque et protestante. — Son **gouvernement** est monarchique.

CLIMAT ET PRODUCTIONS. — L'empire d'Autriche est une des plus belles contrées de l'Europe et une des plus fertiles en grains, en vins renommés, parmi lesquels on distingue celui de *Tokai*, en Hongrie. Cette province possède aussi les mines les plus riches qui existent en Europe. Outre les montagnes de la Bohême, on trouve encore au S. des montagnes qui couvrent toute la partie méridionale de l'empire d'Autriche. La température y est douce et salubre.

QUESTIONNAIRE. — § I. 100. Quelle est la position des États prussiens? — Quelles sont leurs limites? — 101. En combien de provinces se divisent les États prussiens? — Quelles sont celles qui ont été nouvellement conquises? — 102. Quelles sont les villes principales des provinces de l'Est? — 103. Quelles sont les provinces de l'Ouest et quelles sont leurs villes principales? — 104. Quelles sont les provinces conquises et quelles sont leurs principales villes? — 105. Quelles sont les îles qui appartiennent à la Prusse et dans quelle mer sont-elles situées? — 106. Quelles sont les provinces éloignées de la Prusse? — Sur quelle ville le roi de Prusse élevait-il des prétentions? — 107. Quelle est la population des États prussiens et quelles religions y sont suivies? — Quel est le gouvernement? — Depuis quelle époque ce royaume existe-t-il? — Quel est le climat et quels sont les produits des États prussiens? — § II. 108. Quelle est la situation géographique des États autrichiens? Quelles sont leurs limites? — 109. Quelles sont les divisions de la monarchie autrichienne? — 110. Quelles sont les provinces allemandes, et combien forment-elles de gouvernements? — Quelles sont les capitales et les villes principales des gouvernements de la Basse et Haute-Autriche? — Quelles sont celles des gouvernements du Tyrol, de Stirie, de Laybach et de Trieste? — 111. Quelles sont les provinces non-allemandes et combien forment-elles de gouvernements? — Décrivez le gouvernement de Bohême... le gouvernement de Moravie et Silésie. — Décrivez le gouvernement de Galicie. — Décrivez le royaume de Hongrie et le gouvernement de Slavonie et Croatie. — Décrivez le gouvernement de Transylvanie, le gouvernement des Limites militaires. — Décrivez le gouvernement de Dalmatie. — 112. Quelles sont les îles qui dépendent de l'Autriche? —

113. Quelles sont la population et la religion des États autrichiens ? — Quel est leur gouvernement ? — Quels sont le climat et les productions de ces États ?

CHAPITRE HUITIÈME

SUISSE. — ITALIE.

SOMMAIRE.

§ I. 114. La CONFÉDÉRATION SUISSE, située au centre de l'Europe, est bornée par la France, l'Italie et l'Autriche, le Wurtemberg, et le grand-duché de Bade.
115. Il y a 22 CANTONS, savoir : Zurich, Berne, Lucerne, Uri, Schwyz, Unterwalden, Glaris, Zug, Fribourg, Soleure, Bâle, Schaffouse, Appenzell, Saint-Gall, Grisons, Argovie, Thurgovie, Tessin, Vaud (Lausanne), Valais (Sion), Neuchâtel et Genève.
116. Les VILLES PRINCIPALES sont : Berne, siége du gouvernement ; Bâle, Soleure, Genève, Lucerne, Zurich.
117. Les 22 cantons forment une confédération. Chaque canton a son GOUVERNEMENT à part, et les affaires générales sont traitées dans la diète. La population est de 2,640,000 hab. ; — 9 cantons et 1,200,000 hab. sont catholiques, 5 cantons et 1,440,000 protestants, les autres mixtes. — Le climat est généralement froid, à cause des montagnes qui couvrent le pays. Le sol est peu fertile en grains, mais produit de bons pâturages.
§ II. 118. L'ITALIE, vaste péninsule située au S. de l'Europe, est entourée par la Méditerranée au S. et à l'O., par l'Adriatique à l'E., et par les Alpes au N.
119. Elle se divise en 4 États : 1° le royaume d'Italie ; 2° les États de l'Église ; 3° la république de Saint-Marin ; 4° le groupe de Malte.
§ III. 120. Le ROYAUME D'ITALIE comprend presque toute la péninsule avec les îles qui s'y rattachent ; — il est borné par la Suisse, la France, le États de l'Église, la Méditerranée, l'Adriatique et l'empire d'Autriche.
121. Il est divisé en 59 GOUVERNEMENTS, dont 8 dans les anciennes provinces Sardes ; 28 dans les nouvelles provinces du Nord et du Centre, sans comprendre la Vénétie, nouvellement réunie, et 23 dans les provinces nouvelles du Sud.
122. Les VILLES PRINCIPALES DES ANCIENNES PROVINCES SARDES sont : Turin, ancienne capitale du royaume, Gênes et Cagliari, dans l'île de Sardaigne.

123. Celles des NOUVELLES PROVINCES DU NORD ET DU CENTRE sont : Milan, Florence, capitale du royaume, Livourne, Parme, Modène, Bologne, Ancône et Ravenne. — Dans la Vénétie, Venise, Padoue, Vérone et Mantoue.

124. Celles des PROVINCES DU SUD sont : Naples, Bari, Otrante, et en Sicile, Palerme, Messine, Catane et Syracuse.

125. La POPULATION du royaume est de 25 millions et demi d'habitants catholiques, le GOUVERNEMENT est une monarchie représentative.

§ IV. 126. ÉTATS DE L'EGLISE. Les Etats de l'Église sont bornés par la Méditerranée et le royaume d'Italie. Ils ont 800 mille habitants catholiques et un gouvernement presque absolu.

127. Ils se divisent en 4 provinces portant les noms de leurs chefs-lieux. Les principales villes sont : Rome, capitale, et Civita-Vecchia.

§ V. 128. La RÉPUBLIQUE DE SAINT-MARIN est enclavée dans les provinces nouvelles du N. du royaume italien.

129. MALTE, au S. de la Sicile, appartient aux Anglais. Capitale, la Valette.

130. La population générale de l'Italie et des îles voisines est de 25 millions et demi d'habitants, tous catholiques. Le climat est très-doux, le sol y est généralement fertile, il est montagneux et volcanique dans la partie méridionale.

§ I. — SUISSE (1).

114. POSITIONS ET LIMITES. La **Suisse** ou **Confédération Helvétique** est située tout à fait au centre de l'Europe; elle est bornée à l'O. par la France, dont elle est séparée par le Jura, au S. par la France et le royaume d'Italie, à l'E. par l'empire d'Autriche, et au N. par le royaume de Wurtemberg et le grand-duché de Bade.

115. DIVISIONS. — La Confédération Suisse se compose de 22 cantons, subdivisés en 28 Etats principaux. Le tableau ci-après (page 68) fait connaître le nom de la capitale, ainsi que la superficie et la population de chaque canton.

Les quatre cantons de SCHWYZ, UNTERWALDEN, BALE et APPENZELL sont subdivisés chacun en deux républiques.

116. CAPITALE ET VILLES PRINCIPALES. — Les villes principales de la Suisse sont : BERNE, sur l'Aar, siège du gouvernement et de la Diète fédérale, une des plus belles villes de la Suisse, prise par les Français en 1798 et après de sanglants combats (30,000 habitants). Une partie de son canton, le plus grand de la Suisse, est couverte de glaciers. On y trouve aussi la belle chute d'eau du *Staubach*, qui tombe de 263 mètres de haut. — BALE, au N. O., sur le Rhin, qui la divise en

---

(1) Voir, dans l'Atlas de M. Ansart, la carte de la SUISSE.

deux parties; c'est la ville la plus commerçante de la Suisse (38,000 habitants). — SOLEURE, au S. O. de Bâle, célèbre par un traité d'alliance qui y fut conclu, pour cinquante ans, entre la France et la Suisse en 1777. — FRIBOURG, au S. O. de Berne, remarquable par son beau collége; le canton dont elle est le chef-lieu renferme la petite ville de *Morat*, sur le lac du même nom, célèbre par la sanglante bataille où Charles le Téméraire fut vaincu par les Suisses en 1476. — LAUSANNE, au S. O. de Fribourg, à peu de distance de la rive septentrionale du lac de Genève. — GENÈVE, au S. O., sur le lac qui porte son nom; la ville la plus riche et la plus peuplée de la Suisse, fait un grand commerce d'horlogerie (42,000 hab.). — LUCERNE, sur le lac du même nom; grand passage pour l'Italie par le Saint-Gothard. — ZURICH, près du lac de son nom, au N. E. de Soleure, dans une belle position, remarquable par son université et par son commerce; fameuse par une victoire remportée par les Français en 1799 sur les Autrichiens et les Russes, et par un traité conclu en 1860 entre la France, l'Autriche et la Sardaigne.

— Il faut signaler encore SCHAFFHAUSEN ou *Schaffouse*, au N. E. de Bâle, sur la rive droite du Rhin, à 2 kilomètres au-dessus de la fameuse cataracte où ce fleuve, large de 100 mètres, se précipite de 27 mètres de haut. — NEUCHATEL, au S. O. de Soleure, sur le lac du même nom; chef-lieu d'un canton, dont la souveraineté était, jusqu'au traité de 1857, réclamée par le roi de Prusse. — Habsbourg, dans le canton de Berne, berceau de la famille qui gouverne l'Autriche. — SCHWYZ, à l'E. de Lucerne, qui paraît avoir donné son nom à toute la Suisse; cette petite ville est le chef-lieu d'un canton qui a vu naître le fameux Guillaume Tell. On y trouve le défilé et la montagne de *Morgarten*, où les Suisses remportèrent en 1315, sur Léopold d'Autriche, la victoire célèbre qui assura leur liberté. — ALTORF, au S. de Schwyz, est remarquable par les deux fontaines qui désignent les endroits où étaient placés Guillaume Tell et son fils, lorsque ce malheureux père se vit forcé d'abattre d'un coup d'arbalète une pomme placée sur la tête de l'enfant. — SION, à l'E. de Genève, sur le Rhône, est le chef-lieu du *Valais*, où se trouvent dans les Alpes deux passages célèbres, savoir: vers le N. E. celui du *Simplon*, et au S. O. celui du *Grand Saint-Bernard*, franchi par l'armée française avec son artillerie en 1800. On rencontre dans ce canton beaucoup d'êtres malheureux, défigurés par des goitres énormes, et auxquels on a donné le nom de *crétins*; ils sont à la fois sourds-muets et dans un état complet de stupidité qui ferait douter s'ils appartiennent à l'espèce humaine. — LOCARNO, petite ville située à l'extrémité septentrionale du lac Majeur, l'une des trois capitales du canton du *Tésin*, alterne tous les six ans dans cette dignité avec LUGANO, ville un peu plus considérable, située plus au S. E., sur le lac de son nom, et avec BELLINZONA, plus au N. sur le Tésin et sur la belle route qui mène en Italie par le Saint-Gothard, et donne quelque importance à son commerce.

CANTONS suivant le rang qu'ils occupent dans la Confédération.	CAPITALES.	SUPERFICIE ou kilomètres carrés.	POPULATION
Zurich.............	Zurich.............	1,773	268,000
Berne..............	Berne..............	6,629	469,000
Lucerne............	Lucerne............	1,519	131,000
Uri................	Altorf.............	1,090	15,000
Schwyz.............	Schwyz.............	878	46,000
Unterwalden........	Stanz..............	670	25,000
Glaris.............	Glaris.............	723	33,000
Zug................	Zug................	219	20,000
Fribourg...........	Fribourg †.........	1,282	106,000
Soleure............	Soleure †..........	658	70,000
Bâle...............	Bâle...............	477	93,000
Schaffouse.........	Schaffouse.........	295	36,000
Appenzell..........	Appenzell..........	394	61,000
Saint-Gall.........	Saint-Gall.........	1,937	181,000
Grisons............	Coire †............	6,646	92,000
Argovie............	Aarau..............	1,300	195,000
Thurgovie..........	Frauenfeld.........	696	90,000
Tésin..............	Locarno............	2,678	131,000
Vaud...............	Lausanne...........	3,002	214,000
Valais.............	Sion †.............	4,300	91,000
Neuchâtel..........	Neuchâtel..........	723	88,000
Genève.............	Genève.............	237	83,000
		38,195	2,638,000

147. Gouvernement. Population. Religion. Notions diverses. — La Confédération Suisse est composée de 22 cantons indépendant les uns des autres pour leur administration intérieure, et qui, par suite des subdivisions existantes dans 5 d'entre eux, forment 28 républiques plus ou moins démocratiques. Chaque canton a son gouvernement particulier; une *diète*, composée d'un député chaque canton, est chargée de la décision de toutes les affaires qui touchent aux intérêts généraux. — La **population** des 22 cantons s'élève à environ 2 millions 638 mille habitants, dont 1 million 400 mille protestants et 1 million 230 mille catholiques, répartis entre les divers cantons, de manière que 9 sont entièrement catholiques, 5 protestants et 8 mixtes.

Climat. Productions. — La présence de montagnes couvertes de glaces éternelles rend le climat de la Suisse généralement froid; cependant on y peut jouir en quelques heures de toutes les variétés de températures que l'on rencontre dans l'Europe entière; car, tandis qu'un hiver rigoureux et perpétuel règne sur le sommet des Alpes, on goûte dans les vallées les douceurs du printemps. Peu fertile en grains, ce pays possède d'excellents pâturages, qui nourrissent de nombreux troupeaux; aussi le beurre et le fromage sont-ils pour lui d'importants objets de commerce.

§ II. — ITALIE (1).

118. Situation, bornes et étendue de l'Italie. — L'Italie est une vaste presqu'île formée au S. de l'Europe par la Méditerranée à l'O. et au S., et la mer Adriatique, à l'E. Elle est bornée au N. par les Alpes, qui la séparent de la France, de la Suisse et de l'Allemagne. — Sa longueur est de 1,100 kilomètres sur 600 dans sa plus grande largeur. La chaîne de l'*Apennin* la traverse du N. O. au S. E. dans toute son étendue.

119. Grandes divisions politiques. — L'Italie renferme 4 États différents, savoir : le royaume d'*Italie*, les *États de l'Église*, la république de *Saint-Marin*; — enfin l'île de *Malte*, qui est une dépendance de l'Italie.

§ III. — ROYAUME D'ITALIE.

120. Situation et limites. — Le royaume d'Italie est formé du royaume de Sardaigne successivement augmenté d'un grand nombre d'acquisitions faites depuis la brillante campagne de l'armée française en 1859, et par celle de la Vénétie cédée par l'Autriche en 1866. — Le royaume d'Italie est borné au N. par l'empire d'Autriche et la Suisse, dont il est séparé par les Alpes; à l'O. par la France, la Méditerranée et les États de l'Église; au S. par la Méditerranée, et à l'E. par la mer Adriatique et l'empire d'Autriche.

121. Divisions. — Avant l'acquisition de la Vénétie, le royaume d'Italie était divisé en 59 gouvernements que l'on peut répartir en trois groupes : 1° **Anciennes provinces Sardes**, comprenant : le **Piémont**, le **Montferrat**, le **Milanais Sarde**, le duché de **Gênes** et l'île de **Sardaigne**; elles forment 8 gouvernements; 2° **nouvelles provinces du Nord et du Centre**, comprenant : la **Vénétie**, puis 28 gouvernements formés de la **Lombardie**, des duchés de **Parme**, de **Modène**, de **Toscane**, et de

---

(1) Voir, dans l'Atlas de M. Ansart, la carte de l'ITALIE.

la **Romagne** avec les **Marches** et l'**Ombrie** ; enfin 3° les **nouvelles provinces du Sud**, comprenant : le royaume de **Naples** avec la **Sicile**, formant 23 gouvernements.

122. Villes principales des anciennes provinces Sardes. — Les principales villes des provinces Sardes sont : — TURIN (*Torino*), non loin du confluent de la Doria Riparia et du Pô, ancienne capitale du royaume de Sardaigne, l'une des plus belles villes de l'Italie (204,000 habitants). — CASALE, sur le Pô, ville forte, capitale du *Montferrat*. — ALEXANDRIE *de la Paille*, au S. E. de Turin, sur le Tanaro, ville très-forte, ancienne capitale du *Milanais Sarde* ; au S. E. se trouve le village de *Marengo*, illustré le 14 juin 1800 par une grande victoire de Napoléon sur les Autrichiens. — GÊNES, au S. E. d'Alexandrie, bâtie en amphithéâtre sur le bord de la mer, et surnommée *la Superbe*, à cause de la magnificence de ses palais, où le marbre est prodigué de toutes parts ; elle était la capitale d'une république célèbre au XVIIe siècle (138,000 habitants). — CAGLIARI, au S. de l'île de Sardaigne, sur le golfe du même nom ; capitale, archevêché (31,000 habitants).

<small>La grande île dont cette ville est la capitale contient 558 mille habitants ; elle est hérissée de montagnes remplies de mines et entrecoupées par des vallées très-fertiles ; mais le climat y est malsain, et l'industrie et le commerce y sont extrêmement bornés ; aussi son importance est-elle loin de répondre à son étendue.</small>

123. Provinces nouvelles du Nord et du Centre. — VILLES PRINCIPALES. — Les principales villes de ces provinces sont : MILAN (*Milano*), capitale de la Lombardie, et l'une des villes les plus belles et les plus riches de l'Italie (220,000 habitants). — PAVIE, au S., sur le Tésin, ancienne capitale des Lombards, et fameuse par la bataille où François Ier fut fait prisonnier en 1525. — *Marignan*, où ce même prince remporta en 1515 une victoire sur les Suisses et le duc de Milan. Cette ville a été de nouveau illustrée par un brillant combat de l'armée française au milieu de la campagne de 1859. — *Magenta*, sur la rive gauche du Tessin, et *Solferino*, sur la rive droite du *Mincio*, sont devenus célèbres par les deux grandes victoires que les Français y remportèrent sur les Autrichiens pendant la campagne de 1859. — PARME, ville grande et riche (46,000 habitants), était la capitale du duché de son nom, auquel était réuni celui de PLAISANCE (*Piacenza*), du nom de sa capitale, située au confluent du Pô et de la Trebia. — MODÈNE, au S. E. de Parme, et ornée de beaux édifices ; elle était la capitale du duché de son nom, auquel étaient réunis ceux de la *Mirandole*, de *Reggio*, de *Guastalla*, de *Massa* et de *Carrara*, qui portaient le nom de leur capitale, dont la dernière est célèbre par les beaux marbres connus sous le nom de marbre de Carrare. — FLORENCE (*Firenze*), au S., sur l'Arno, ancienne capitale du grand-duché de Toscane et, aujourd'hui du royaume d'Italie ; grande et belle ville, peuplée de monuments admirables, enrichie de chefs-d'œuvre artistiques (152,000 habitants). Elle fut pendant plusieurs siècles la capitale d'un des plus florissants États de l'Europe, et le berceau des arts, des lettres et des sciences en Occident ; patrie du Dante, d'Améric Vespuce et des Médicis. — LIVOURNE, un des plus fameux ports de la Méditerranée (97,000 habitants). — *Sienne*, au S. E. de Livourne ; université célèbre. — *Lucques*, ancienne capitale du duché du même nom, ville belle et commerçante (65,000 habitants).

On rattache à la Toscane quelques petites îles situées dans la Méditerranée, près de ces côtes, et dont la principale est l'île d'*Elbe*, où Napoléon avait été relégué en 1814. — Cette île possède des carrières de fer, d'aimant et de marbre, et renferme une population de 14,000 âmes. — Capitale : PORTO-FERRAJO, au N., petit port bien fortifié (2,000 hab.).

— BOLOGNE (*Bologna*), au S. E. de Modène, la plus importante ville des Romagnes, très-belle ville et la plus fameuse université de l'Italie (109,000 habitants). — *Ferrare*, au N. E., ancienne capitale du duché de ce nom. — RAVENNE, au S. E. de Ferrare ; à 4 kilomètres de la mer Adriatique, sur laquelle elle était autrefois située ; résidence des derniers empereurs romains. — URBIN, au S. E. de Ravenne ; patrie de Raphaël. — ANCÔNE, port fortifié sur l'Adriatique, le plus commerçant de toute cette côte (46,000 habitants).

La **Vénétie**, avec la partie du *duché de Mantoue*, que l'Autriche vient de céder à l'Italie, est divisée en 9 délégations. — Les principales villes sont : VENISE, bâtie sur 60 îles dans le golfe qui porte son nom ; une des plus belles, des plus considérables et des plus fortes villes du monde. Son commerce l'avait rendue, au commencement du quatorzième siècle, un des plus puissants États de l'Europe (120,000 habitants). — PADOUE, à l'O. de Venise, sur la Brenta ; fameuse université. — VÉRONE, à l'O. de Padoue, sur l'Adige, ville très-forte ;

remarquable par les congrès de 1820 et de 1823. — MANTOUE, forteresse dans un lac formé par le Mincio.

124. PROVINCES NOUVELLES DU SUD. — DIVISION. Les provinces du Sud du royaume d'Italie sont formées de l'ancien *royaume des Deux-Siciles*, qui se compose de la partie méridionale de l'Italie, de l'île de Sicile et de quelques petites îles répandues sur les côtes. La beauté du climat et la fertilité de ces contrées les ont fait surnommer le paradis de l'Italie. — Ces provinces se subdivisent en provinces continentales ou *en deçà du Phare* et en île de Sicile.

Provinces continentales. — VILLES PRINCIPALES. — Leurs principales villes sont : NAPLES (*Napoli*), sur le golfe du même nom, capitale, l'une des plus belles villes du monde, avec un bon port qui la rend très-commerçante (317,000 habitants). — A peu de distance au S. E. se trouve *Portici*, jolie ville avec un palais de plaisance, bâtie au pied du Vésuve, sur la lave qui a englouti *Herculanum*. — BARI, au S. E. de Manfredonia, ville très-forte, sur la mer Adriatique (27,000 habitants). — OTRANTE, au S. de Bari, sur le détroit auquel elle donne son nom, et qui forme l'entrée de la mer Adriatique ; archevêché. — TARENTE, sur le golfe qui porte son nom. — REGGIO, sur le Phare de Messine.

Sicile. — La grande île de *Sicile*, située au S. de l'Italie, dont elle est, comme nous l'avons dit, séparée par le *Phare de Messine*, a 300 kilomètres de long sur 200 environ de large, et se divise naturellement en 3 vallées, dans chacune desquelles se trouve un des trois caps (cap *Faro* au N. E., cap *Boeo* à l'O. et cap *Passaro* au S.) qui lui avaient fait donner anciennement le nom de *Trinacrie*. — Ses villes remarquables sont : PALERME, au N., l'un des plus beaux ports de la Méditerranée ; ancienne capitale de toute la Sicile ; archevêché (194,000 habitants). — MESSINE, sur le détroit auquel elle donne son nom ; capitale du *Val-Demona*. — CATANE, au pied de l'Etna, grande ville, chef-lieu de la province du même nom (64,000 habitants). — SIRAGOSA (Syracuse), au S., port de mer, qui de son ancienne splendeur ne conserve que des ruines magnifiques. — NOTO, au S., capitale du *Val de Noto*. — GIRGENTI (Agrigente), à l'O., capitale du *Val de Girgenti*, évêché, jadis une des plus grandes et des plus riches cités de la Sicile.

AUTRES ILES. — Les autres îles qui dépendent du royaume des Deux-Siciles sont : les îles de LIPARI, situées au N. de la Sicile ; elles sont au nombre de douze, dont la principale donne son nom au groupe ; elle a pour capitale une ville très-ancienne et très-forte qui porte aussi le même nom. — PANTELLARIA, située au S. O. de la Sicile. — A l'entrée du golfe de Naples, CAPRI (Capræ), séjour enchanteur, mais d'un difficile accès, avec une capitale du même nom. — ISCHIA, qui renferme des mines d'or et d'argent et une capitale du même nom.

125. POPULATION. RELIGION. GOUVERNEMENT. NOTIONS DIVERSES. — Le royaume d'Italie, le plus nouvellement formé des grands États européens, compte actuellement une **population** d'environ 25 millions et demi d'habitants qui presque tous suivent la **religion** catholique. Le gouvernement est une monarchie représentative.

§ IV. — ÉTATS DE L'ÉGLISE.

126. BORNES. POPULATION. GOUVERNEMENT. — Les États de l'Église, situés au centre de l'Italie, sont bornés à l'O. par la mer Méditerranée, et entourés de tous les autres côtés par les diverses provinces du royaume d'Italie.
— Ils renferment une population d'environ 800,000 habitants catholiques. — Le gouvernement est à peu près absolu.

127. DIVISIONS. VILLES PRINCIPALES. — Les États de l'Église, jusqu'en 1859, comprenaient 21 provinces appelées *légations*; mais depuis cette époque, 17 de ces provinces ont été réunies au royaume d'Italie, et les États de l'Église ne comprennent plus que les 4 provinces du patrimoine de saint Pierre situées sur la Méditerranée. — Les villes les plus remarquables sont : ROME, au S., sur le Tibre, capitale. Cette ville, l'ancienne capitale du monde et l'une des plus fameuses de l'univers, est encore aujourd'hui, quoiqu'elle ait été saccagée six fois par les Barbares, celle qui offre le plus de beaux monuments. On remarque parmi les monuments anciens la colonne Trajane, le Panthéon, le Colisée, etc., et parmi les édifices modernes, la magnifique église de Saint-Pierre et les palais du Vatican et du Quirinal, résidences du pape (197,000 habitants).
— CIVITA-VECCHIA, port commerçant sur la Méditerranée. — TIVOLI, au N. E. de Rome, séjour délicieux, renommé par les cascades du *Teverone*.

§ V. — SAINT-MARIN. — MALTE.

128. RÉPUBLIQUE DE SAINT-MARIN. — La petite république de SAINT-MARIN, qui renferme 7,000 habitants et une capitale du même nom sur une montagne escarpée, est située dans les provinces nouvelles du N. du royaume italien, au N. de l'ancien duché d'Urbin, dans lequel elle se trouve enclavée.

129. GROUPE DE MALTE. — L'île de Malte (*Melita*), située au S. de la Sicile, et ayant environ 90 kilom. de circuit, appartient aujourd'hui aux Anglais. Elle est célèbre pour avoir été la demeure des chevaliers de Saint-Jean de Jérusalem, auxquels Charles-Quint la donna, en 1525, lorsqu'ils eurent été contraints d'abandonner Rhodes. Sa population, en y comprenant les petites îles de *Gozo* et de *Comino*, situées au N. O., et qui en dépendent, est de 160,000 hab. — Malte a pour capitale CITÉ-LAVALETTE, au N., ville très-forte, avec un bon port.

On peut ajouter à ces îles celles de *Linosa* et de *Lampeduza*, situées plus au S. O., et dont les gouvernements de Malte et d'Italie se disputent la possession.

150. POPULATION GÉNÉRALE DE L'ITALIE. RELIGION. NOTIONS DIVERSES. — La population totale de l'Italie, en y comprenant la Sicile et Malte avec les petites îles qui en dépendent, s'élève à plus de 25 millions et demi d'habitants, presque tous catholiques.

CLIMAT, PRODUCTIONS. — L'Italie est la contrée de l'Europe qui jouit du climat le plus riant et le plus serein. Le sol y est agréablement diversifié par la chaîne de l'Apennin, qui la traverse dans toute son étendue. Le nord, entouré de hautes montagnes qui donnent naissance à une multitude de lacs et de rivières, est la partie la moins chaude, mais c'est la plus fertile en grains de toute espèce, en vins et en gras pâturages. Plus au sud croissent l'olivier, le citronnier, le pistachier, le grenadier, le coton et la canne à sucre. Entre Rome et Naples se trouvent les cantons malsains connus sous le nom de *Marais Pontins*. Enfin les provinces méridionales, couvertes en partie de montagnes et de forêts, et mal cultivées, quoique fertiles, sont sujettes à de violents tremblements de terre.

QUESTIONNAIRE. — § . 114. Quelles sont la position et les limites de la Suisse? — 115. Comment est-elle divisée? — Faites connaître les cantons et leur capitale? — 116. Quelles sont les villes principales de la Suisse? — Indiquez les principales curiosités naturelles que l'on y rencontre. — 117. Quel est le gouvernement de la Suisse? — Quelle est a population et quelles religions y sont suivies? — Quel est le climat et quelles sont les productions de la Suisse? — § II. 118. Quelle la situation de l'Italie? — Quelles sont ses bornes et son étendue? — 119. Comment se divise-t-elle? — § III. 120. Quels sont les bornes et la situation du royaume d'Italie? — 121. Comment est-il divisé? Quelles sont les provinces dont il s'est formé? — 122. Quelles sont les divisions et les villes principales de ses anciennes provinces? — 123. Quelles sont es provinces nouvelles du nord et du centre et leurs villes principales? — 124. Quelles sont les provinces nouvelles du sud? — Comment se divisent-elles? — Quelles sont les villes principales sur le continent? — Indiquez la position, les divisions et les villes remarquables de la Sicile. — Quelles sont les îles qui en dépendent? — 125.

Quels sont la population, la religion et le gouvernement du royaume d'Italie. — § IV. 126. Quels sont les bornes, la population, la religion et le gouvernement des Etats de l'Église? — 127. Quelles en sont les divisions et les villes principales? — § V. 128. Décrivez la république de Saint-Marin. — 129. Faites connaître le groupe de Malte. — 130. Quelle est la population générale de l'Italie, et quelle religion a-t-elle? — Quels sont le climat et les productions de l'Italie?

CHAPITRE NEUVIÈME

ESPAGNE ET PORTUGAL.

SOMMAIRE.

§ I. 131. L'ESPAGNE est bornée par les Pyrénées et le golfe de Biscaye, par l'Atlantique et le Portugal, le détroit de Gibraltar et la Méditerranée.

132. L'Espagne se divisait en 14 PROVINCES; maintenant elle forme 11 gouvernements généraux et 49 provinces, qui portent généralement les noms de leurs chefs-lieux.

133. Provinces du nord; PRINCIPALES VILLES : Saint-Jacques-de-Compostelle, Oviédo, Bilbao, Pampelune, Saragosse et Barcelone; provinces du centre : Madrid, capitale du royaume ; Léon, Salamanque, Badajoz, Tolède, Valence ; provinces du midi : Cordoue, Séville, Cadix, Jaën, Gibraltar (aux Anglais), Grenade, Murcie.

134. Les principales ILES sont les Baléares, savoir : Majorque, Minorque, Iviza.

135. L'Espagne a une POPULATION de 16 millions et demi d'habitants, catholiques. Le GOUVERNEMENT est une monarchie constitutionnelle. Les montagnes qui traversent en tous sens la péninsule rendent le climat assez doux; le sol y est riche et productif, malgré l'incurie de ses habitants. Les mines ne sont pas exploitées, malgré leur richesse; le vin, la laine et la soie y sont les objets du commerce.

136. Les COLONIES sont : en Afrique, les Présides, sur la côte du Maroc, et les îles Canaries, dont Ténériffe, capitale Laguna, est la principale; — en Amérique, Cuba et Porto-Rico ; — en Océanie, les Philippines.

137. La RÉPUBLIQUE D'ANDORRE, située dans les Pyrénées, entre la France et l'Espagne, a 16,000 habitants; elle est gouvernée par un conseil de vingt-quatre membres, un syndic et deux viguiers. Capitale, Andorre-la-Vieille.

§ II. 138. Le ROYAUME DE PORTUGAL est borné par l'Atlantique et par l'Espagne.

139. Le Portugal est subdivisé en 7 PROVINCES divisées en 17 districts,

dont 4 formés par les îles Açores, Madère et du cap Vert; les 7 provinces sont celles de Minho, au N. O.; Tras-os-Montes, au N. E.; de Haut et Bas-Beira et Estrémadure, au Centre; Alem-Tejo et Algarves, au S. Leurs villes principales sont: Lisbonne, capitale; Oporto, Braga, Bragance, Evora, Ourique, etc.

140. Les COLONIES sont : en Afrique, les îles Açores, capitale Angra; Madère, capitale Funchal; du cap Vert, capitale Porto-Praya; Congo, capitale Saint-Philippe, et Mozambique, capitale Mozambique; — en Asie, Goa, dans l'Hindoustan, et Macao, en Chine; — en Océanie, des établissements aux îles Timoriennes.

141. Il a 4 millions d'habitants et un gouvernement représentatif. Le climat et les productions sont les mêmes qu'en Espagne.

§ I. — ESPAGNE (1).

131. SITUATION ET LIMITES. — L'**Espagne** (*España*), qui, avec le Portugal, occupe la grande presqu'île située au S. O. de l'Europe, est bornée au N. par les Pyrénées, qui la séparent de la France, et par le golfe de Gascogne; à l'O., par l'océan Atlantique et le Portugal; au S., par l'océan Atlantique, le détroit de Gibraltar et la Méditerranée, qui lui sert aussi de borne à l'E.

152. GRANDES DIVISIONS. — L'Espagne se divisait autrefois en 14 provinces, dont plusieurs ont porté le titre de royaumes, savoir : 6 au N., qui sont, de l'O. à l'E. : la **Galice**, les **Asturies**, les **provinces Basques**, la **Navarre**, l'**Aragon** et la **Catalogne**; 5 au milieu, qui sont : le royaume de **Léon**, l'**Estrémadure**, la **Vieille** et la **Nouvelle-Castille**, et le royaume de **Valence**; 2 au S., qui sont : l'**Andalousie**, qui comprend les 4 royaumes de **Séville**, **Cordoue**, **Jaën** et **Grenade**, et le royaume de **Murcie**; une dans la Méditerranée, composée des **îles Baléares**. — Aujourd'hui, l'Espagne est divisée en 11 *gouvernements généraux*, formés presque tous des anciennes provinces, et en 49 provinces ou *intendances* qui portent également le nom de leur résidence.

133. VILLES PRINCIPALES, CAPITALES.

I. **Provinces du Nord.** — Les principales villes du nord de l'Espagne sont : SAINT-JACQUES-DE-COMPOSTELLE (*Santiago*), au N. O., à peu de distance de l'Atlantique; ancienne capitale de la **Galice**, archevêché; lieu d'un célèbre pèlerinage au tombeau de saint Jacques le Majeur, qu'on y a

---

(1) Voir, dans l'Atlas de M. Ansart, la carte d'ESPAGNE et PORTUGAL.

cru enterré. — Au N., LE FERROL, excellent port militaire et magnifique arsenal maritime; et LA COROGNE, bon port de commerce, tous deux sur l'Atlantique. Le dernier est maintenant la capitale du gouvernement général de *Galice*.—OVIÉDO, ancienne capitale des **Asturies**. — BILBAO, à l'E. d'Oviédo, ancienne capitale de la **Biscaye**. — PAMPELUNE, au S. E. de Bilbao, ville très-forte, capitale du gouvernement général de *Cantabrie* et de la province de **Navarre**. — *Fontarabie*, petite place forte à l'embouchure de la Bidassoa. — SARAGOSSE, sur l'Èbre, au S. E. de Pampelune, capitale de l'**Aragon**; fameuse par le siége opiniâtre qu'elle soutint contre les Français en 1809. — BARCELONE, à l'E. de Saragosse ; ville très forte, avec un bon port sur la Méditerranée; capitale de la **Catalogne**, et l'une des villes les plus riches et les plus industrieuses de l'Espagne (250,000 habitants).

II. **Provinces du Centre.** = Les principales villes des provinces du centre de l'Espagne sont : — MADRID, au centre, capitale de la **Nouvelle-Castille** et de toute l'Espagne, sur le *Mançanarès*, ruisseau qu'on passe sur un pont magnifique; c'est la plus élevée des capitales de l'Europe. Population, environ 300,000 habitants. — A peu de distance de cette ville sont les châteaux royaux de l'*Escurial*, sur la Guadarrama, et d'*Aranjuez*, sur le Tage. — LÉON, au S. E. d'Oviédo, capitale de l'ancien royaume du même nom. — BURGOS, à l'E. de Léon, ancienne capitale de la **Vieille-Castille**, et aujourd'hui du gouvernement général de son nom; patrie du Cid. — SALAMANQUE, au S. de Léon, fameuse université. — BADAJOZ, au S. O. de Salamanque, sur la Guadiana, que l'on y passe sur un pont de 620 mètres de long; capitale de l'**Estrémadure espagnole**. — TOLÈDE, sur le Tage, au S. de Madrid ; fameuse université. Elle fut, avant Madrid, la capitale de l'Espagne. — VALENCE, au S. E. de Tolède, sur le Guadalaviar, à 5 kilomètres de la mer, capitale de l'ancien royaume du même nom, et du gouvernement général de **Valence et Murcie**, l'une des plus florissantes villes d'Espagne (97,000 habitants). — Au S. se trouve *Alicante*, ville fameuse par ses vins de liqueur.

III. **Provinces du Midi.** — Les principales villes du midi de l'Espagne sont : CORDOUE (*Cordova*), sur le Guadalquivir, au S. O. de Tolède, dans l'Andalousie; très-florissante sous les Maures. — SÉVILLE, au S. O. de Cordoue, sur le même fleuve; capitale de l'**Andalousie**, si belle qu'on en a dit: *Qui n'a point vu Séville n'a point vu de merveille* (134,000 habitants). — CADIX, au S. O. de Séville, dans la même province; bon port et l'une des villes les plus commerçantes du monde (80,000 habitants); très-forte par sa position dans une petite île réunie au S. par une chaussée à l'île de *Léon*. — On trouve encore dans l'Andalousie le fort de GIBRALTAR, sur le détroit de ce nom; il appartient depuis 1704 aux Anglais, qui s'en sont emparés par surprise. — GRENADE, à l'E. de Séville, capitale du gouvernement et de l'ancien royaume de ce nom. Les Maures ont bâti dans cette ville un palais magnifique nommé *Alhambra*, qui subsiste encore (100,000 habitants. — MURCIE, au N. E. de Grenade, ancienne capitale du royaume de son nom. — CARTHAGÈNE, au S. de Murcie, port sur la Méditerranée, le meilleur de l'Espagne et l'un des plus considérables de l'Europe (40,000 habitants). — MALAGA, port de mer, au S. de la même province, renommé par ses vins (113,000 habitants).

134. ÎLES DÉPENDANTES DE L'ESPAGNE. — Les principales îles que l'Espagne possède en Europe sont les anciennes **îles Baléares**, situées dans la Méditerranée, au nombre de quatre, savoir : **Majorque**, la plus grande du groupe; capitale, PALMA, au S. — **Minorque**, au N. E. de Majorque; villes : CITADELLA, à l'O., et PORT-MAHON, port sûr et commode, à l'E. — **Iviza** ou *Iviça*, au S. O. de Majorque, avec une capitale du même nom; elle est très-forte et produit beaucoup de sel. — **Formentera**, au S. d'Iviça, doit, dit-on, son nom au froment qu'on y récolte en abondance. Ces îles sont peuplées de 263,000 habitants.

135. POPULATION. RELIGION. GOUVERNEMENT. — L'Espagne renferme une **population** de 16 millions et demi d'habitants, professant tous la religion catholique. — Son **gouvernement** est une monarchie constitutionnelle dans laquelle le trône est héréditaire, même pour les femmes.

CLIMAT ET PRODUCTIONS DE L'ESPAGNE ET DU PORTUGAL. — L'Espagne occupe, avec le Portugal, la totalité de la vaste péninsule qui termine l'Europe au S. O. Cette belle contrée, traversée en tous sens par de hautes chaînes de montagnes, jouit, par cette raison, d'une température moins chaude que celle qu'elle devrait éprouver d'après sa position; cependant les côtes méridionales sont exposées à de grandes chaleurs et même aux funestes effets d'un vent brûlant d'Afrique, nommé le *solano*. Le sol, mal cultivé, supplée par sa fertilité à l'incurie des habitants, et donne les productions les plus variées. Les riches mines d'or et d'argent, d'où les Carthaginois et les Romains tirèrent d'immenses trésors, ont cessé d'être exploitées; mais le fer, le plomb, le cuivre et les marbres précieux s'y trouvent encore en abondance. La laine fine des moutons *mérinos*, la soie et les vins fins sont aussi pour les Espagnols et les Portugais d'importants objets de commerce.

136. COLONIES ET POSSESSIONS LOINTAINES. — L'Espagne, autrefois le plus riche des États de l'Europe en possessions lointaines, conserve encore dans les diverses parties du monde des colonies assez importantes, savoir :

En **Afrique**, les villes fortifiées ou *Présides* de CEUTA et MELILLA, sur la côte septentrionale du Maroc, et le groupe des îles CANARIES, groupe composé de 7 grandes îles et de plusieurs petites. La plus remarquable est *Ténériffe*, fameuse par le pic haut de 3,719 mètres dont elle porte le nom. Villes principales : LAGUNA et SANTA-CRUZ. — L'*île de Fer*, où l'on faisait autrefois passer le premier méridien, et l'*île* CANARIE, qui a donné son nom au groupe.

En **Amérique**, les riches et importantes îles de **Cuba** (capitale LA HAVANE) et de **Porto-Rico**, dans les Grandes Antilles.

En **Océanie**, l'archipel des *îles Philippines*.

137. RÉPUBLIQUE D'ANDORRE. — Il existe dans une vallée de la chaîne des Pyrénées, entre la France et l'Espagne, un petit État indépendant, sous la protection de la France et de l'Espagne, nommé République d'Andorre, du nom de sa capitale ANDORRE-LA-VIEILLE, petite ville de 2,000 âmes, sur la Balira, affluent de la Sègre, tributaire de l'Èbre. La population totale de cette vallée est d'environ 16,000 habitants, pasteurs pour la plupart, gouvernés par un conseil de 24 membres nommés à vie, et présidés par un syndic chargé du pouvoir exécutif et secondé par deux viguiers.

§ II. — PORTUGAL (1).

138. POSITION, LIMITES. — Le royaume de **Portugal**, le plus occidental des États de l'Europe méridionale, est situé au S. O. de la grande péninsule Hispanique. — Il est borné à l'O. et au S. par l'océan Atlantique, et de tous les autres côtés par l'Espagne.

139. DIVISIONS ET VILLES PRINCIPALES. — Le royaume de Portugal est partagé en 7 provinces subdivisées en 17 districts, dont 4 sont formés par les archipels des **Açores**, de **Madère** et du **Cap-Vert**, qui se rattachent géographiquement à l'Afrique. — Les 7 provinces sont celles du **Minho** ou

---

(1) Voyez, dans l'Atlas de M. Ansart, la carte d'ESPAGNE et PORTUGAL

Minho, au N. O.; de **Tras-os-Montes**, au N. E.; de **Haut-Beira**, de **Bas-Beira** et d'**Estrémadure**, au Centre; d'**Alem-Téjo**, plus au S., et des **Algarves**, sur la côte méridionale.

Les villes principales du Portugal sont: LISBONNE, à l'embouchure du Tage, capitale de l'**Estrémadure portugaise** et de tout le royaume, résidence du souverain. Son port, qui est très-vaste, passe pour un des meilleurs de l'Europe. Renversée par le tremblement de terre de 1755, elle est entièrement réparée (280,000 habitants). — Au S. O. se trouve BÉLEM, sur le Tage, sépulture des rois. — BRAGA, au N., archevêché, capitale de la province du **Minho**, dont la ville principale, située à l'embouchure du *Douro*, est le port de PORTO ou *Oporto*, renommé pour ses vins, et devenu par son commerce la seconde ville du Portugal (110,000 hab.). — BRAGANCE, au N. E. du Braga, capitale de la province de **Tras-os-Montes** (*au delà des monts*). Cette ville a donné son nom à la famille actuellement régnante. — COÏMBRE, au S. de Braga, la ville la plus importante des deux provinces de **Beira**, et ancienne résidence des rois; fameuse université — EVORA, au S. E. de Lisbonne, capitale de l'**Alem-Téjo** ou *en deçà du Tage*, province riche en oliviers et en fruits exquis, mais marécageuse. — OURIQUE, plus au S. O., dans la même province, célèbre par la victoire qu'Alphonse Henriquez y remporta sur les Maures, en 1139, et à la suite de laquelle il fut proclamé roi. — TAVIRA, sur l'Océan, capitale des Algarves.

140. POPULATION. RELIGION. GOUVERNEMENT. — Le Portugal a environ 550 kilomètres de long sur 260 de large et renferme plus de 4 millions d'habitants professant presque tous la religion catholique. — Son **gouvernement** est une monarchie représentative dans laquelle la couronne est héréditaire, même pour les femmes.

Le **climat** et les productions sont les mêmes que ceux de l'Espagne, ainsi que nous l'avons indiqué plus haut (n° 135).

141. COLONIES ET POSSESSIONS LOINTAINES. — Les possessions éloignées des Portugais sont: 1° en **Afrique**, les **Açores**, groupe de 10 îles peuplées de 200,000 habitants, situées sous un climat délicieux, et dont la principale est **Terceire**, capitale *Angra*, résidence du gouverneur; **Madère**, peuplée de 100,000 habitants, célèbre par son vin, capitale FUNCHAL; les **îles du Cap-Vert**, au N. O. du cap de ce nom, au nombre de vingt, peuplées de 85,000 habi-

tants ; la principale est *San-Yago*, capitale PORTO-PRAYA : cette île est fertile, mais malsaine ; le **Congo**, capitale SAINT-PHILIPPE DE BENGUELA, et sur la côte occidentale de l'Afrique, et le **Mozambique**, sur la côte orientale, capitale MOZAMBIQUE, les colonies étendent leur influence sur près de 3 millions d'indigènes ; 2° **en Asie**, sur la côte occidentale de l'*Hindoustan*, GOA, DIU, et sur la côte méridionale de la Chine, MACAO ; 3° en **Océanie**, dans la **Malaisie**, quelques possessions de l'archipel des *îles Timoriennes*. — L'étendue de ces dernières possessions comprend, en totalité, environ 46,100 kilomètres carrés et une population de 830,000 hab.

QUESTIONNAIRE. — § I. 131. Quelles sont la position et les limites de l'Espagne ? — 132. Quelles sont les anciennes divisions ? — Quelles sont les divisions actuelles ? — 133. Indiquez les villes principales des provinces du nord et du centre. — Indiquez celles du midi. — 134. Quelles sont les îles qui dépendent de l'Espagne ? — 135. Quelles sont la population et la religion ? — Quel est le gouvernement ? — Quel est l'aspect du pays ? — Quel est son climat et quels sont ses produits ? — 136. Quels sont les colonies ? — 137. Décrivez la république d'Andorre. — § II. 138. Quelles sont la position et les limites du Portugal ? — 139. Quelles sont les divisions et les villes principales ? — 140. Quelles sont l'étendue et la population du Portugal ? — Quels sont la religion et le gouvernement ? — 141. Quelles sont les possessions lointaines du Portugal ? — Quelles sont ses colonies.

CHAPITRE DIXIÈME

GRÈCE ET TURQUIE.

SOMMAIRE.

§ I. 142. La TURQUIE occupe le N. de la péninsule turco-grecque ; elle est bornée au N. par la Russie et l'Autriche ; à l'O. par l'Illyrie, la mer Adriatique et la mer Ionienne ; au S. et à l'E. par la Grèce, le détroit des Dardanelles, la mer de Marmara et la mer Noire.
143. Les États du sultan se divisent en **PROVINCES IMMÉDIATES** et **PROVINCES MÉDIATES**. Les médiates sont : la Moldavie, la Valachie et la Servie. Les immédiates forment 4 eyalets et 24 pachaliks : 1° eyalet

de Bosnie ; 2° de Roum-Ili ; 3° de Silistrie ; 4° des Djezaïrs ou des Iles.

144. Les villes principales des **PROVINCES IMMÉDIATES** sont : Constantinople, capitale de l'empire ; Audrinople, Varna, Schoumla, Gallipoli, Sophia, Scutari, Salonique, Larisse et Bosna-Seraï.

145. Les principales ILES qui dépendent de la Turquie d'Europe sont : Tesso, Samotraki, Imbro, Stalimène, Candie.

46. Les PRINCIPAUTÉS DANUBIENNES sont placées sous la suzeraineté de la Porte, à laquelle elles payent tribut, et sous le protectorat des grandes puissances européennes : 1° la Roumanie, formée de la Moldavie et de la Valachie, capitale, Bucharest ; 2° la Servie, au S. O., gouvernée par un prince héréditaire ; capitale, Semendria ; ville principale, Belgrade.

147. La POPULATION est d'environ 15 millions et demi d'habitants, dont plus des deux tiers suivent la religion grecque ; le reste, musulmans. Le GOUVERNEMENT est une monarchie absolue, gouvernée par le sultan. Le climat est doux, le pays fertile et riche en mines encore mal exploitées, à cause de la barbarie, qui a empêché pendant quatre siècles ce pays de suivre la civilisation européenne, qui commence à peine à y pénétrer.

148. Les POSSESSIONS hors de l'Europe sont : la Turquie d'Asie, divisée en 5 parties, et, comme tributaires, quelques États de l'Arabie, l'Egypte, Tripoli et Tunis.

§ II. 149. La GRÈCE, avec les îles qui en dépendent, est bornée par la Turquie, par la mer Ionienne, par la Méditerranée et par l'Archipel.

150. La Grèce se partage en 4 parties : la Livadie au N., la Morée au S., les îles Ioniennes à l'O. et les autres îles à l'E. — Elle est divisée en 10 monarchies et 19 éparchies.

151. Les VILLES PRINCIPALES sont : Athènes, capitale du royaume ; Lépante, Corinthe, Nauplie, Patras.

152. Les PRINCIPALES ILES sont, à l'E. : 1° Négrepont ; 2° les petites, au N. E., Skiato, Scopelo, Sarakino, etc. ; 3° les Cyclades, Andro, Tino, Syra, Naxia, Paro, Santorin, Milo ; etc. ; 4° Colouri, Engia, Poros, Hydra, Spetzia, sur les côtes de la Morée.

153. Les ILES IONIENNES, situées sur la côte occidentale de la Grèce. Ces 7 îles sont : Cerigo, Zante, Cephalonie, Théaki, Sainte-Maure, Paxo, Corfou, avec une capitale du même nom.

154. La POPULATION est d'environ 1 million et demi d'habitants, professant la religion grecque. Le GOUVERNEMENT est une monarchie représentative. Le climat et la température sont analogues à ceux de l'Espagne. Le sol est fertile, mais il est peu cultivé par suite des désastres de la guerre de l'Indépendance.

§ I. TURQUIE D'EUROPE (1).

142. POSITION ET LIMITES. — La **Turquie d'Europe**, l'une des parties du vaste **Empire ottoman** (*Islam*), est comprise dans une grande péninsule qui forme la

---

(1) Voir, dans l'Atlas de M. Ansart, la carte de TURQUIE D'EUROPE et GRÈCE.

portion S. E. de l'Europe. Elle est bornée au N. par la Russie et l'Autriche; à l'O., par l'Illyrie autrichienne, la mer Adriatique, le canal d'Otrante et la mer Ionienne; au S., par la Grèce, le détroit des Dardanelles et la mer de Marmara; et à l'E., par le canal de Constantinople et la mer Noire. — En outre, l'île de **Candie** et toutes les **îles du N. de l'Archipel** appartiennent aussi à la Turquie d'Europe.

143. Divisions territoriales. — Les États du sultan en Europe sont de deux espèces : les **provinces immédiates** et les **provinces médiates**. Ces dernières, qui forment des États plutôt tributaires que sujets de la Porte ottomane, sont au nombre de 3, savoir: la **Moldavie** et la **Valachie**, situées au N. du Danube et de l'empire, réunies en un seul État sous le nom de **Roumanie**, et la **Servie**, sur la rive droite du Danube. On les comprend généralement sous le nom de **Principautés danubiennes**.

Les provinces immédiates sont réparties en 4 grands gouvernements ou **eyalets**, subdivisés en 24 **pachaliks**. Ces 4 eyalets sont : 1° celui de **Bosnie**, comprenant la partie de la **Croatie** qui appartient à la Turquie ; 2° l'eyalet de Romélie ou, mieux **Roum-Ili** (pays des Roumains), au centre, comprenant l'**Albanie** (autrefois Illyrie grecque et Épire), et les anciennes contrées célèbres sous les noms de Thessalie, Macédoine et Thrace; 3° l'eyalet de **Silistrie**, sur les rivages de la mer Noire; 4° enfin l'eyalet des **Djézaïrs** ou des **îles**, qui, outre les îles répandues dans le N. et l'E. de l'Archipel, comprend aussi une partie du littoral de cette même mer et de celle de Marmara. L'île de *Candie*, au S. de l'Archipel, fait aussi partie des États du Grand Seigneur.

144. Provinces immédiates. Villes principales. — Les villes principales de la Turquie sont :

Dans l'**eyalet de Silistrie**: CONSTANTINOPLE (*Stamboul*), sur le détroit de son nom, fondée par Constantin, dans la position la plus belle et la plus avantageuse de l'ancien monde, avec un port immense nommé *la Corne d'Or*; prise, en 1453, par Mahomet II, qui en fit la capitale de son empire (800,000 habitants). — ANDRINOPLE, au S. O. de Constantinople, sur la Maritza ; elle a été le séjour des sultan (120,000 habitants). — VARNA, bon port sur la côte occidentale de la mer Noire. — SCHOUMLA, à l'O. de Varna, au pied d'une petite chaîne qui se rattache aux monts Balkans; ville très-forte. — SILISTRIE, sur le Danube, ville forte, résista énergiquement aux Russes, qui l'assiégèrent inutilement en 1854.

Dans l'**eyalet des îles** : GALLIPOLI, port dans la péninsule de son nom et sur le détroit des Dardanelles, ville industrieuse et commerçante (50,000 habitants). — RODOSTO, archevêché grec, sur la mer de Marmara.

Dans l'**eyalet de Roum-Ili** : VIDIN et ROUTSCHOUK, places fortes sur le Danube. — SOPHIA, capitale de la *Bulgarie* et résidence du Beylerbey ou gouverneur général des provinces centrales de la Turquie d'Europe. — SCUTARI, au S., sur le lac du même nom ; grande ville, capitale de l'*Albanie*, résidence du pacha et d'un évêque catholique romain. — SALONIQUE (*Saloniki*), au S. O. ; sur le golfe de ce nom ; ville considérable et très-commerçante (70,000 habitants). — LARISSE, sur la Salembria, au S. ; entrepôt des provinces méridionales, archevêché grec (30,000 habitants).

Dans l'**eyalet de Bosnie** : BOSNA-SERAI (ou *Seraievo*), ville grande, industrieuse et bien peuplée (70,000 habitants) ; capitale de l'eyalet, dont toutefois le pacha réside à *Travnick*, petite ville forte située plus au N. O.

145. ILES QUI DÉPENDENT DE LA TURQUIE. — Les îles qui dépendent de la Turquie d'Europe sont :

1° Au N. de l'Archipel : TASSO (ancienne Thasos) ; — SAMOTRAKI ; — IMBRO ; — STALIMÈNE ou LEMNOS, la plus grande des quatre. — 2° Au S. de l'Archipel, la grande île de CANDIE, d'environ 900 kilomètres de tour, et peuplée de 240,000 habitants. Cette île, la plus grande de l'ancienne Grèce, est divisée en 3 pachaliks, dont les capitales sont : CANDIE, port fortifié, sur la côte septentrionale, archevêché grec et la principale ville de l'île (15,000 habitants) ; — RÉTIMO, à l'O. de Candie ; — LA CANÉE, à l'O. de Rétimo, ports munis de quelques fortifications ; — *Spachia* ou *Sphakie*, port situé sur la côte méridionale, a des habitants qui se livrent au commerce et à la piraterie. Ils sont presque indépendants des Turcs, ainsi que les *Abdiotes*, qui habitent au S. E. et qui sont, dit-on, un reste des Sarrasins.

146. PROVINCES DANUBIENNES. VILLES PRINCIPALES. — Les Principautés danubiennes, provinces tributaires de l'empire turc et placées sous le protectorat des grandes puissances européennes, sont :

La **Roumanie** (et la **Servie**) formée de la réunion de la **Moldavie** et de la **Valachie**, est bornée par l'Autriche à l'O. et la Russie au N. et à l'E., et au S. par le Danube. Capitale : BUKHAREST (*Boukouresti*) ; chef-lieu de la Valachie, siége du gouvernement des Principautés et d'un archevêché grec, ville grande et commerçante, mais malsaine (100,000 habitants). — JASSY, au N. E., chef-lieu de la Moldavie, archevêché grec (80,000 habitants). — GALATZ, au S. E., est un port fréquenté sur le Danube.

La **Servie**, au S. O. de la Valachie, s'étend du Danube au mont Argentaro. Elle est gouvernée par un prince héréditaire, tributaire de la Turquie, mais du reste entièrement indépendant. — SEMENDRIA (*Smederewo*), sur le Danube, résidence du prince et du sénat. — BELGRADE est la ville la plus importante; place très-forte, au confluent de la Save et du Danube (18,000 hab.).

147. POPULATION. RELIGION. GOUVERNEMENT. NOTIONS DIVERSES. — La population de la Turquie d'Europe est évaluée à environ 15 millions d'habitants, dont les deux tiers environ sont Grecs et suivent la religion grecque; le reste se compose, pour la plus grande partie, de Turcs qui sont mahométans de la secte d'Omar. — Le gouvernement de l'empire ottoman, nommé souvent *la Porte ottomane* ou simplement *la Porte*, est une monarchie despotique qui a pour chef le *Sultan*, appelé quelquefois aussi *Grand Turc* ou *le Grand Seigneur*.

CLIMAT. PRODUCTIONS. — La Turquie d'Europe jouit d'un climat doux et salubre. Elle est traversée par plusieurs chaînes de montagnes qui recèlent des mines précieuses, encore mal exploitées malgré les progrès faits depuis quelques années. Les provinces septentrionales sont couvertes de riches pâturages qui pourraient nourrir de nombreux troupeaux; celles du midi, dont le sol n'est pas moins fertile, fourniraient en abondance toutes les productions de l'Italie; mais l'industrie et l'agriculture sont en retard dans ces riches contrées, où, depuis quelques années seulement, la civilisation européenne commence à pénétrer, chassant à grand'peine devant elle la barbarie et le fanatisme, qui gouvernèrent l'empire ottoman pendant près de quatre siècles.

148. POSSESSIONS HORS DE L'EUROPE. — Hors de l'Europe la Turquie possède, ainsi que nous l'avons vu (cours de sixième, nos 73 et suiv.), des provinces en Asie et en Afrique; les **provinces de l'Asie** soumises immédiatement sont: 1° l'**Asie Mineure**, capitale SMYRNE; 2° l'**Arménie turque**, capitale ERZEROUM; 3° le **Kurdistan**, capitale MOSSOUL; 4° l'**Al-Djezireh**, ou l'Irak-Arabi; villes principales: DIARBEKIR et BAGDAD; 5° la **Syrie** et la **Palestine**; villes principales: ALEP, DAMAS et JÉRUSALEM. — Quelques petits États situés en **Arabie** ne sont que tributaires. Les **provinces d'Afrique** ne sont également que tributaires de l'empire ottoman ; ce sont : 1° l'**Égypte**, gouvernée par un vice-roi ; 2° la **régence de Tripoli**, gouvernée par un pacha ; et 3° la **régence de Tunis**, gouvernée par un bey.

§ II. — GRÈCE (1).

149. SITUATION. LIMITES. — Le royaume de Grèce (*Hellas*), avec les nombreuses îles qui en dépendent, est situé au S. de la Turquie d'Europe. Cette contrée, qui en 1827 s'est soustraite au joug des Turcs par une lutte héroïque et sanglante, est bornée au N. par la Turquie, à l'O. par la mer Ionienne, au S. par la Méditerranée, et à l'E. par l'Archipel.

150. DIVISIONS TERRITORIALES. — La Grèce se divise naturellement en 4 parties, savoir : la **Livadie**, au N. du golfe de Corinthe et à l'E. de celui d'Athènes ; la presqu'île de **Morée**, au S. du golfe de Corinthe ; les petites **îles** répandues le long des côtes orientales de la Grèce ; et les **îles Ioniennes**, à l'O. de la mer de ce nom. — Sous le rapport politique, la Grèce est divisée en 10 *nomarchies* et en 19 *éparchies*.

151. VILLES PRINCIPALES DES PROVINCES CONTINENTALES. — Les principales villes de la Grèce sur le continent sont : ATHÈNES, dans une péninsule séparée de la Morée par le golfe qui porte son nom ; capitale de la nomarchie d'**Attique** et **Béotie** et de tout le royaume de Grèce. Elle a dû cette distinction à son ancienne célébrité et aux monuments de l'antiquité qu'elle conserve encore, parmi lesquels on distingue surtout les restes du *Parthénon* ou temple de Minerve, bâti sur le rocher élevé qui sert de citadelle, et que l'on nomme encore aujourd'hui l'*Acropolis*. Cette ville, où la France possède depuis l'année 1846 un établissement d'instruction publique, compte environ 50,000 habitants. — Le *Pirée*, comme autrefois, sert de port à Athènes. — LÉPANTE, ville très-forte, sur le golfe du même nom. — A peu de distance vers l'O., à l'extrémité d'une langue de terre qui s'avance dans le golfe, se trouve *Missolonghi*, fameuse par la défense héroïque de ses habitants contre les Turcs, en 1826. — CORINTHE, dans la Morée, à l'entrée de l'isthme auquel elle a donné son nom. — TRIPOLITZA, à peu près au centre de la Morée, non loin des ruines de *Mantinée*, capitale de la nomarchie d'**Arcadie**. — NAUPLI ou

---

(1) Voir, dans l'Atlas de M. Ansart, la carte de TURQUIE D'EUROPE et GRÈCE.

NAPOLI DE ROMANIE, au N. E. de Tripolitza, ville très-forte, avec un bon port, fut pendant plusieurs années le siége du gouvernement grec; capitale de la nomarchie d'**Argolide**, dans laquelle on trouve, un peu plus au N. O., *Argos*, célèbre dans l'histoire de l'ancienne Grèce. — PATRAS, port très-commerçant sur le golfe auquel il donne son nom, capitale de la nomarchie d'**Achaïe**. — NAVARIN (près de l'ancienne Pylos), au S. O., port devenu célèbre par la destruction de la marine turque, en 1827, opérée par les flottes française, anglaise et russe réunies. — SPARTA, ville nouvelle récemment élevée sur les ruines de l'ancienne Sparte, capitale de la nomarchie de **Laconie**.

152. ÎLES QUI DÉPENDENT DE LA GRÈCE. — Les îles qui dépendent de la Grèce sont : 1° la grande île de **Négrepont**, sur la côte orientale de la Livadie, dont elle est séparée par le détroit de Négrepont (ancien Euripe), célèbre par la singularité de son flux et de son reflux, et traversé dans son point le plus resserré par un pont de 17 mètres. L'île a environ 500 kilomètres de circuit; elle forme la nomarchie d'**Eubée**, chef-lieu KHALKIS, nommée aussi *Egribos* ou *Négrepont*, sur le détroit, ville forte, considérée comme l'une des clefs de la Grèce.

2° Les petites îles situées au N. E. de Négrepont, dont les principales sont : SKIATO, qui possède une bonne rade; — SCOPÉLO et SARAKINO, dont les vins sont estimés; — CHELIDROMIA et PELAGNISI, au N. E.; — SKIRO (ancienne Scyros), au S. E.; riche en beaux marbres. — 3° Les CYCLADES, ainsi appelées (du grec κύκλος, *cercle*) par les anciens, qui les croyaient rangées en rond autour de l'île de DÉLOS, aujourd'hui SDILI, célèbre par le culte d'Apollon; elles occupent tout le sud de l'Archipel. Les plus remarquables sont : ANDRO (Andros), à la pointe S. E. de Négrepont; — TINO (Ténos), au S. E., très-bien cultivée et produisant beaucoup de soie; — MYCONI (Myconos); — SYRA (Syros), renferme la ville d'*Hermopolis*, que son commerce a rendue une des plus importantes de la Grèce; — NAXIA (Naxos), au S. E., la plus considérable des Cyclades; — PAROS, à l'O.; — AMORGO (Amorgos), au S. E.; — SANTORIN (Thera), au S.; — MILO (Melos), à l'O., possède un des meilleurs ports de la Méditerranée. Ces îles ont des capitales qui portent les mêmes noms. — 4° Les îles situées sur la côte de la Morée, savoir : COLOURI (ancienne Salamine); — ENGIA (ancienne Egine); — POROS, qui doit à la beauté et à la commodité de son port d'avoir été choisi pour l'établissement des chantiers de la marine royale; — HYDRA (Hydrea), dont les habitants, les plus habiles marins de l'Archipel, se sont montrés les ennemis les plus redoutables des Turcs dans la guerre que leur ont faite les Grecs pour se soustraire à leur domination. Sa capitale, qui porte le même nom, est une des villes les plus jolies et les plus peuplées de la Grèce, et possède des chantiers de construction très-considérables. — SPETZIA, à l'entrée du golfe de Nauplie, avec une capitale du même nom, qui possède une importante marine marchande.

153. Îles Ioniennes. — Les îles Ioniennes, au nombre de 7 principales, sur les côtes occidentales de la Grèce, lui ont été cédées en 1864 par l'Angleterre, qui les possédait depuis 1815. — Ces îles sont : **Cérigo** (ancienne Cythère), au S. de la Morée ; — **Zante**, à l'O. de la Morée ; — **Céphalonie**, au N. O. de Zante ; — **Theaki** (ancienne Ithaque), au N. E. de Céphalonie ; — **Sainte-Maure**, au N. des précédentes ; — **Paxo** (Paxos), très-petite, au N. O. de la précédente ; chef-lieu, Porto-Gago ; — **Corfou**, au N. O. Toutes ces îles, à l'exception de Paxo, ont des capitales qui portent les mêmes noms. **Corfou**, la plus importante de toutes par sa population de 20,000 habitants, par son commerce et par ses importantes fortifications, est le siége d'un archevêché catholique et d'un métropolitain grec. — La population des îles monte à environ 340,000 habitants.

154. Population. Religion. Gouvernement. Notions diverses. — La population de la Grèce, cruellement décimée par les malheurs de la guerre, ne s'élève qu'à environ 1,300,000 habitants, professant la religion grecque, dont une des branches est réunie à l'Église catholique. — Le gouvernement de la Grèce est une monarchie représentative.

CLIMAT. PRODUCTIONS. — La Grèce est encore, plus que l'Espagne, traversée en tous sens par de hautes chaînes de montagnes, qui y produisent sur la température les mêmes effets. Le sol, naturellement fertile, fournirait en abondance toutes les productions de l'Italie ; mais l'agriculture, longtemps découragée, y est encore languissante, par suite de la guerre longue et désastreuse et des troubles qui ont précédé et suivi l'émancipation de ce pays.

QUESTIONNAIRE. — § I. 142. Quelles sont la position et les limites de la Turquie d'Europe ? — 143. Comment se divisent les États turcs ? — Comment sont partagées les provinces Immédiates ? — 144. Quelle est la situation des Principautés danubiennes ? — Quelles sont ces Principautés ? — Quel est leur gouvernement ? — Quelles sont leurs villes principales ? — 145. Quelles sont les villes principales des provinces Immédiates ? — 146. Quelles sont les îles qui dépendent de la Turquie d'Europe ? — 147. Quelle est la population de l'empire ? — Quels sont la religion et le gouvernement ? — Quel est le climat et quelles sont les productions de l'empire turc ? — 148. Faites connaître les possessions turques en Asie... en Afrique ? — § II. 149. Quelles sont les limites et la position de la Grèce ? — 150. Quelles sont les divisions naturelles et les divisions politiques ? — 151. Indiquez les villes principales. — 152. Quelle est la grande île qui dépend de la Grèce ? — Quelles sont les petites ? — 153. Où sont situées les îles Ioniennes ? — Quelles sont-elles ? — Quelle est leur principale ville ? — 154. Quelle est la population ? — Quelle est la religion ? — Faites connaître le gouvernement.

CHAPITRE ONZIÈME

GÉOGRAPHIE POLITIQUE DE L'AFRIQUE SEPTENTRIONALE.

PREMIÈRE PARTIE.

SOMMAIRE.

155. L'AFRIQUE se divise en dix-huit contrées, savoir : l'Égypte, la Nubie, l'Abyssinie, au N. E. ; Tripoli, Tunis, l'Algérie et le Maroc avec le Sahara, au N. O. ; la Sénégambie, la Guinée, le Congo, à l'O. ; le Soudan, la Nigritie méridionale et la Cafrerie, au centre ; le gouvernement du Cap, au S. ; le Mozambique, le Zanguebar et l'Ajan, à l'E. Les huit premières étaient à peu près connues des Anciens.

§ I. 156. L'ÉGYPTE est bornée au N. par la Méditerranée, à l'O. par les déserts de Barcah et de Libye, au S. par la Nubie, à l'E. par la mer Rouge. Elle comprend aussi les oasis situées dans les déserts environnants.

157. La POPULATION est de six millions d'habitants, qui suivent les religions grecque et mahométane. L'Égypte est gouvernée par un vice-roi, sous la suzeraineté du sultan de Constantinople.

158. L'Égypte se divise en trois RÉGIONS : Haute, capitale Syout ; Moyenne, capitale le Caire, capitale de toute l'Égypte ; Basse, villes principales, Alexandrie, Rosette, Damiette et Suez.

159. Les OASIS qui en dépendent sont celles de Syouah, la petite, puis la grande oasis au S. O. du Caire.

§ II. 160. La NUBIE, au S. de l'Égypte, est bornée par celle-ci au N., par le Soudan à l'O., l'Abyssinie au S. et la mer Rouge à l'E.

161. Elle est sous la souveraineté du vice-roi d'Égypte ; ses villes remarquables sont : Deyr, Marakah, Chendy, Khartoum, Sennaar, Souakim et Obeid.

§ III. 162. L'ABYSSINIE est bornée au N. et à l'E. par la Nubie, à l'O. par le Soudan, au S. par les monts de la Lune et la côte d'Ajan, à l'E. par la mer Rouge. Elle a quatre millions et demi d'habitants, professant la religion chrétienne mêlée de superstitions. Ils sont en partie soumis aux *Gallas*, venus du centre de l'Afrique.

163. On distingue les Etats suivants : royaume d'Amhara, capitales Gondar et Devra-Tabour, le Tigré ; villes principales, Enchetcab, Chelicout et Axoum. Le Choa et l'Efat, capitale Ankober.

164. Les trois contrées ci-dessus constituent le bassin du Nil, auquel elles doivent leur fertilité. On y cultive le blé, le riz, le coton, la canne à sucre, etc.; on y trouve de l'or et de l'ivoire. Toute la vallée du Nil est couverte de monuments de l'antiquité.

§ IV. 165. On reunit, sous le nom de côte de BARBARIE, le N. O. de l'Afrique, qui comprend les régences de Tripoli et de Tunis, l'Algérie et le Maroc. Les habitants sont mahométans, sauf les colons français de l'Algérie, qui sont chrétiens.

166. L'Etat de TRIPOLI est borné à l'E. par le pays de Barcah, au N. par la Méditerranée, à l'O. par la régence de Tunis, au S. par le Fezzan. Il a 950,000 habitants, gouvernés par un bey. Tripoli est la capitale.

167. De TRIPOLI dépendent : 1° le pays de Barcah, villes principales, Derne et Ben-Ghasi; 2° le Fezzan, capitale Mourzouk; 3° le pays de Ghadamès.

§ V. 168. L'Etat de TUNIS, à l'O. du précédent, borné par lui à l'E., par la Méditerranée au N., par l'Algérie à l'O., et par le Sahara au S. Il a 1,800,000 habitants et est gouverné par un bey. Capitale, Tunis. Au S. se trouve le pays de Touzer.

§ VI. 169. L'ALGÉRIE, colonie française, est bornée au N. par la Méditerranée, à l'E. par Tunis, au S. par le Sahara, à l'O. par le Maroc. Elle a 2 millions et demi d'habitants, dont 200,000 Européens. Elle se divise en 3 provinces : 1° Constantine; 2° Alger; 3° Oran.

170. Les villes principales sont, dans la première : 1° Constantine, Philippeville et Bougie; — dans la seconde : 2° Alger, capitale de la colonie; Blidah, Orléansville; — dans la dernière : 3° Oran, chef-lieu; Mostaganem et Tlemcen.

§ VII. 171. Le MAROC est borné par l'Algérie à l'E., la Méditerranée au N., l'Atlantique à l'O. et le Sahara au S. Il se divise en 4 parties : 1° royaume de Fez; 2° royaume de Maroc; 3° royaume de Suz, et 4° royaume de Tafilet. Il a environ 7 millions d'habitants et un gouvernement absolu.

172. Les principales villes sont : Maroc, capitale; Mékinez, Fez, Tanger, Mogador, Tarodant. — Au S. O., se trouve l'Etat indépendant de Sidi-Hescham et de l'Oued-Noun.

173. L'Atlas traverse toute la Barbarie au N.; il procure un climat agréable et des productions variées en l'abritant du vent du sud qui fait un désert de son autre versant. La civilisation marche en Algérie avec la conquête française. Les produits sont le blé, le tabac et les huiles.

§ VIII. 174. Le SAHARA s'étend au S. des pays ci-dessus jusqu'à l'Atlantique; il est habité par des nomades : les Touareks, les Tibbous et les Touasts, qui ont les villes d'Agadès et Aglaby, situées dans des oasis.

175. Le grand désert est habité par environ 750,000 nomades mahométans; les peuples de la côte sont barbares et inhospitaliers. Les rivières sont rares et se perdent dans les sables, sauf le Saint-Cyprien, le Saint-Jean et le Rio-Ouro. Les oasis sont fertiles et renferment de nombreux troupeaux; elles produisent les dattes, qui nourrissent les bitants.

155. DIVISION POLITIQUE DE L'AFRIQUE. — L'Afrique peut être divisée en 18 contrées principales, savoir : l'**Égypte**, la **Nubie** et l'**Abyssinie**, au N. E.; la **Barbarie**, au

N., qui a formé : les régences de **Tripoli** et de **Tunis**, l'**Algérie** et le **Maroc**, enfin le **Sahara**, au N. O. ; la **Sénégambie**, la **Guinée**, le **Congo**, sur la côte occidentale ; le **Soudan**, la **Nigritie méridionale** et la **Cafrerie**, au centre ; le **gouvernement du Cap**, au S. ; la capitale générale de **Mozambique**, le **Zanguebar** et l'**Ajan**, sur la côte orientale.

Sur ces 18 contrées, les 8 premières étaient les seules dont les anciens eussent connaissance ; nous allons donc les étudier en premier lieu.

§ I. — ÉGYPTE

156. POSITIONS ET LIMITES. — L'Égypte (en turc *Kibt*) forme une grande vallée de 1,050 kilomètres de long sur 18 à 35 de large, arrosée par le Nil. Elle est bornée au N. par la Méditerranée ; à l'O. par les déserts de Barcah et de Libye ; au S. par la Nubie, et à l'E. par la mer Rouge et l'isthme de Suez. Mais les possessions du souverain qui règne aujourd'hui sur ce pays s'étendent bien au delà de ces limites à l'O. et au S. : elles embrassent les *oasis* répandues dans les déserts qui avoisinent l'Egypte, à l'O., la **Nubie** et le **Kordofan**, au S.

157. POPULATION ET GOUVERNEMENT. — La population des États qui obéissent au vice-roi d'Égypte peut être évaluée à 8 millions d'habitants, et celle de l'Égypte proprement dite à 5 millions 125 mille habitants, qui appartiennent à quatre races différentes, savoir : les *Coptes*, qui paraissent descendre des anciens habitants, dont ils ont conservé le langage, quoique avec beaucoup d'altération : ils professent la religion grecque ; les *Arabes*, les *Mamelouks* et les *Turcs*, qui l'ont subjuguée successivement. Elle est gouvernée par un vice-roi sous la suzeraineté de la Turquie.

158. DIVISIONS ET VILLES PRINCIPALES. — L'Égypte se divise en sept intendances (*moudourliks*), qui se répartissent en trois régions, savoir : — la **Haute-Égypte**, nommée aussi **Saïd**, au S.; capitale SYOUT ou *Assyout*, que l'on considère comme ayant remplacé, dans ce rang, GIRGEH, sur la rive gauche du Nil. — La **Moyenne** ou **Ouestanieh**, au centre, et dans laquelle se trouve LE CAIRE (*El Kahira*), sur la rive droite et à environ un kilomètre du Nil, un peu au-dessus de l'endroit où il se partage en plusieurs branches ; capitale de la Moyenne-Égypte et de toute l'Égypte, peuplée, dit-on, de 300,000 habitants. — A 2 kilomètres au N. O. se trouve *Boulak*, sur le Nil, considéré comme le port du Caire, et important par son école d'enseignement supérieur, son imprimerie et ses manufactures (18,000 habitants). — Plus à l'O., sur la rive gauche du Nil, se trouvent les *Pyramides*, qui existent depuis quatre mille ans, et dont la plus élevée a 146 mètres. — Enfin la **Basse-Égypte** ou **Bahary**, au N. A l'une des embouchures occidentales du Nil, qui n'y est plus navigable, on trouve ALEXANDRIE, près de la Méditerranée, non loin du fameux *phare*; elle est l'entrepôt du commerce de l'Egypte avec tout le sud de l'Europe (près de 400,000 habitants). — ROSETTE (ancienne Canope), située à l'E., sur une des embouchures du Nil, lui sert en quelque sorte de port (15,000 habitants). — DAMIETTE, sur la branche orientale du Nil, a aussi un bon port. — ABOUKIR, située au N. E. d'Alexandrie, est célèbre par le combat naval de 1798, dans lequel Nelson détruisit la flotte française, et par une victoire remportée sur terre par les Français, en 1799. — Port SAID, sur la Méditerranée, et SUEZ, sur l'isthme qui en porte le nom, mauvais port sur la mer Rouge, sont les deux têtes du canal qui fait communiquer la Méditerranée et la mer Rouge.

159. OASIS QUI DÉPENDENT DE L'ÉGYPTE. — Parmi les oasis qui dépendent de l'Égypte, on distingue : — celle de SYOUAH (ancien Ammon), au S. O. du Caire, qui forme un petit État soumis par le pacha d'Egypte; — la Petite-Oasis ou *El-Bahariéh*, au S. E. de la précédente, et qui produit les meilleures dattes de l'Egypte; — celles de *Dakhel* et d'*El-Kardjéh*, ou Grande-Oasis, au S. E. de la précédente.

§ II. — NUBIE.

160. POSITIONS ET LIMITES. — La **Nubie** (partie septentrionale de l'ancienne Éthiopie) est située au S. de l'Egypte, dont elle dépend, et forme, comme elle, une étroite vallée traversée par le Nil; elle a le Soudan à l'O., l'Abyssinie au S. et la mer Rouge à l'E.

161. DIVISIONS ET VILLES PRINCIPALES. — La Nubie se divise en un grand nombre de contrées peuplées par des tribus nomades qui vivent presque indépendantes, sous l'obéissance du vice-roi d'Egypte. Les villes les plus remarquables de ces diverses contrées sont : — DEYR, dans la *Basse-Nubie*, sur la rive droite du Nil, importante par son commerce d'esclaves et les dattes renommées qui croissent dans ses environs. — MARAKAH ou *Nouveau-Dongolah*, sur la rive gauche du Nil, au S. O. de Deyr. Cette ville a remplacé depuis quelques années *Vieux-Dongolah*, situé plus au S. E., sur la rive droite du Nil, et longtemps capitale d'un puissant royaume qui fournissait beaucoup de poudre d'or et de plumes d'autruche (6,000 habitants). — CHENDY, au S. E. de Vieux-Dongolah, dans l'ancienne île ou presqu'île de *Méroé*, autrefois capitale d'un royaume et l'un des entrepôts du commerce de la Nubie. — KHARTOUM, non loin du confluent des deux branches du Nil nommées Bahr-el-Azrak ou fleuve Bleu, et Bahr-el-Abiad ou fleuve Blanc ; cette ville, bien peuplée, est très-commerçante. — SENNAAR, au S. de Chendy, sur la rive gauche du Bahr-el-Azrak ; ville très-commerçante (9,000 habitants). Elle est la capitale d'un royaume dont le souverain, ou *mélik*, est tributaire du vice-roi d'Égypte. — SOUAKIM, sur la mer Rouge, dont il est le port le plus commerçant. — OBÉÏD ou *Ibéit*, capitale du *Kordofan*, l'une des contrées soumises au vice-roi d'Égypte, qui en dispute la possession au *Dar-Four* (n°. 183).

§ III — ABYSSINIE.

162. BORNES. POPULATION. RELIGION ET GOUVERNEMENT. — L'Abyssinie (partie méridionale de l'ancienne Éthiopie), située au S et à l'E. de la Nubie, a, à l'O., le Soudan ; au S., les monts de la Lune et la côte d'Ajan, qui, avec la mer Rouge, la borne encore à l'E. — Elle a environ 1,000 kilomètres de long sur près de 900 de large. — Les habitants de ce pays, dont on porte le nombre à 4 millions et demi, professent la religion chrétienne, défigurée par plusieurs pratiques juives et superstitieuses. — L'Abyssinie formait autrefois un empire puissant gouverné par un monarque absolu appelé le *Grand-Négusc*, que l'on a quelquefois désigné sous le nom de *Prêtre-Jean*, et qui prétend descendre de Salomon ; mais ce pays est en proie à de perpétuelles guerres civiles depuis l'invasion de la féroce nation des *Gallas*, venue de l'intérieur de l'Afrique, et dont les chefs se sont partagé presque toutes les provinces de l'Abyssinie, où ils règnent en souverains indépendants.

163. DIVISIONS. — On n'a que des notions incomplètes sur les divisions politiques actuelles de ce pays, où nous nous contenterons d'indiquer les Etats suivants, savoir : le royaume d'**Amhara**, à l'O., dans lequel se trouve le lac *Dembéa*, au N. E. duquel est située la ville de *Gondar* (6,000 habitants), ancienne capitale de toute l'Abyssinie. — Le **Tigré**, au N. E., le plus puissant et le plus florissant des États de l'Abyssinie et le seul qui, par la valeur de ses habitants, ait su repousser le joug des Gallas. Il a pour capitale Adoua, ville commerçante, résidence actuelle du souverain, mais *Chélicout* en est la ville la plus peuplée. On trouve encore dans ce royaume l'antique cité d'Axoum (4,000 habitants), qui fut la métropole de l'Abyssinie dans le temps de sa splendeur, c'est-à-dire jusqu'en 925. Sur la côte de la mer Rouge est situé le port de *Massoua*. — Il faut citer encore le riche et populeux royaume de Choa, formé des provinces de *Choa* et d'*Efat*, situées plus au S., et qui a pour capitale Ankober, résidence du plus puissant souverain de l'Abyssinie (5,000 habitants).

164. NOTIONS DIVERSES SUR L'ÉGYPTE, LA NUBIE ET L'ABYSSINIE. — Nous réunissons ici ces trois contrées, parce qu'elles comprennent une grande partie du bassin du Nil, et que c'est à ce fleuve qu'elles doivent leur importance et leur fertilité. Cette fertilité est entretenue par les inondations périodiques du fleuve, qui arrivent tous les ans vers le solstice d'été, et sont occasionnées, à ce qu'on a lieu de croire, par la fonte des neiges des montagnes de l'Afrique centrale et orientale et par les pluies qui tombent entre les tropiques, où le Nil et ses principaux affluents prennent leur source. L'Abyssinie renferme presque toutes ses sources orientales, qui découlent des nombreuses chaînes de montagnes qui la traversent en tous sens. Elle doit à ces circonstances une foule de beautés naturelles, une température très-douce et une grande variété de productions, parmi lesquelles on distingue le blé, le millet, le riz, la canne à sucre, le coton, le café, le bois d'ébène et de sandal; on en exporte, en outre, de l'ivoire, des plumes d'autruche et de la poudre d'or. La Nubie est également bien arrosée dans sa partie méridionale, surtout par les grands affluents du Nil, descendant de l'E. et principalement par le *Bahr-el-Azrak*, ou rivière Bleue, et par l'*Atbarah*, qui viennent se joindre au courant principal arrivant du S. O. et nommé le *Bar-el-Abiad*, ou rivière Blanche, pour former par leur réunion le grand fleuve du Nil. Elle est, comme l'Abyssinie, d'une grande fertilité et offre les mêmes productions. Dans la Nubie inférieure et dans l'Égypte, le Nil coule dans une vallée resserrée par deux chaînes de montagnes, au delà desquelles s'étendent, à l'E. et à l'O., de vastes déserts sablonneux et arides; mais cette vallée s'élargit en approchant de la mer. L'Égypte produit en abondance le blé, le coton, le riz, le lin, le chanvre, la canne à sucre, les palmiers, les dattiers, les orangers, et le *papyrus*, de l'écorce duquel les anciens faisaient une espèce de papier. — Toute la vallée du Nil, surtout en Égypte et en Nubie, est couverte des monuments les plus curieux de l'antiquité : obélisques, pyramides, ruines de villes et de temples magnifiques. — Dans la mer Rouge se trouvent de nombreuses îles, parmi lesquelles la plus remarquable est celle de *Dahalac*, la plus grande de cette mer, vis-à-vis des rivages de l'Abyssinie.

§ IV. — COTE DE BARBARIE.

165. POSITIONS. DIVISIONS ET RELIGION DE LA COTE DE BARBARIE. — On comprend sous le nom de Côte de Barbarie, ou États Barbaresques, tous les pays qui occupent le nord-ouest de l'Afrique, le long de la côte de la Méditerranée, et auxquels nous joindrons les déserts qui les bornent à l'E. et au S. — Ces pays sont : la régence de **Tripoli**, qui tient sous sa dépendance le pays de **Barcah** et le **Fezzan**; la régence de **Tunis**; l'**Algérie** et l'empire de **Maroc**. Au S. de ces pays s'étendent les vastes déserts de la *Libye* et du *Sahara*. — Le mahométisme dominait exclusivement dans tous ces pays, lorsque la conquête de l'Algérie par les Français y a reporté la religion catholique, qui y avait longtemps brillé d'un vif éclat.

RÉGENCE DE TRIPOLI.

166. BORNES. POPULATION. GOUVERNEMENT ET VILLES PRINCIPALES. — L'**Etat de Tripoli**, séparé de l'Egypte, à l'E., par le pays de Barcah, est borné au N. par la Méditerranée, à l'O. par la régence de Tunis, et au S. par le Fezzan. C'est le plus faible des Etats barbaresques, quoique l'un des plus étendus : on n'estime sa population qu'à 950,000 habitants ; il est gouverné par un *bey*, qui est presque entièrement sous la dépendance du sultan. — La capitale de ce pays est TRIPOLI, port sur la Méditerranée ; ville très-ancienne, d'où s'exportent de la poudre d'or, des plumes d'autruche, etc.

167. ETATS QUI DÉPENDENT DE TRIPOLI. — Les principaux États qui dépendent de Tripoli sont : 1° le pays de **Barcah**, à l'E., dont toute la côte est très-fertile et assez populeuse. Il est gouverné par deux beys, nommés par celui de Tripoli, auquel ils ne gardent qu'une obéissance équivoque : l'un de ces beys réside à DERNE et l'autre à BEN-GHAZI, les principales villes de ce pays ; la dernière a un assez bon port. — Au S. de cette contrée se trouve l'**oasis d'Audjélah**, résidence d'un bey dépendant aussi de Tripoli. Au S. de ces pays s'étend le *désert de Libye*. — 2° Le **Fezzan**, situé à l'O. de ce désert et au S. de l'État de Tripoli ; il a environ

75,000 habitants, et a pour capitale MOURZOUK, ville très-commerçante. — 3° Le **pays de Ghadamès**, au N. O. du Fezzan, et qui doit son nom à sa capitale.

§ V. — RÉGENCE DE TUNIS.

168. BORNES. POPULATION. GOUVERNEMENT. CAPITALE ET DÉPENDANCES DE TUNIS. — L'État de Tunis, situé à l'O. du précédent, borné à l'O. par l'Algérie et au S. par le Sahara, renferme une population de 1 million 800 mille hab.; il est gouverné par un bey et a pour capitale TUNIS, à peu de distance des ruines de l'ancienne Carthage, avec un bon port et de bonnes fortifications; elle est très-commerçante. (120 mille hab.) — *Kaïroan* (40 mille hab.), *Cabès* (20 mille hab.). — Au S. se trouve le pays de TOUZER, capitale TOUZER, sur la côte occidentale du lac *Laoudéha* ou *Sebka Sebakhi*.

§ VI. — ALGÉRIE (1)

169. BORNES. POPULATION. GOUVERNEMENT ET DIVISIONS. — L'Algérie, la plus importante de toutes les colonies françaises, a été conquise depuis l'année 1830, époque à laquelle les Français s'emparèrent d'Alger. Elle est bornée au N. par la Méditerranée, à l'E. par la régence de Tunis, au S. par le Sahara et à l'O. par l'empire du Maroc. — L'Algérie, traversée de l'E. à l'O. par la chaîne de l'*Atlas*, est arrosée par le *Chélif*, la *Seybouse*, l'*Oued-el-Kebir*, la *Macta*, etc.; elle se divise naturellement en deux régions : le *Tell*, ou région de la culture du froment, et le *Sahara*, ou région des palmiers, pays où les eaux sont rares et qui ne produit que des pâturages desséchés rapidement par le soleil d'été. — Cette importante colonie est administrée sous le rapport militaire par un commandant des forces de terre et de mer; et sous le rapport civil par trois préfets. Le *Tell* seul est gouverné par les préfets; le reste du pays est soumis exclusivement au régime mili-

---

(1) Pour ce pays et les autres possessions françaises en Afrique, consulter, dans mon *Atlas à l'usage des colléges*, la carte des COLONIES FRANÇAISES.

ALGÉRIE. — MAROC.

taire. Le climat est celui du midi de la France, et les produits, qui tendent à augmenter rapidement par suite du travail des colons, sont, outre le blé et les autres céréales, l'huile, le coton, le tabac et le nopal qui produit la cochenille, le corail qu'on pêche sur la côte, etc. — La population est d'environ 2 millions et demi d'habitants, dont 160 mille Européens, en majorité catholiques, et le reste d'indigènes, Kabyles ou Berbers, Arabes, Turcs, etc., professant la religion mahométane. Les trois provinces sont, en allant de l'E. à l'O., celle de *Constantine*, celle d'*Alger* et celle d'*Oran*, du nom de leurs chefs-lieux.

170. VILLES PRINCIPALES. — Les villes principales de l'Algérie sont, dans chaque province :

1° Province de Constantine. — CONSTANTINE, chef-lieu, sur le Rummel, prise en 1837, ville forte (37 mille hab., dont 9 mille Européens). — BONE, au N. E., subdivision militaire et sous-préfecture, bon port près de l'embouchure de la Seybouse, ville forte (10 mille hab., dont près de 5 mille Européens). — LA CALLE, à l'E., port sur la côte, célèbre par ses pêcheries de corail. — PHILIPPEVILLE-STORA, au N. de Constantine, dont elle est le port; ville fondée par les Français; sous-préfecture. — BOUGIE, au N. O., sur la limite de la province, petite ville fortifiée.

2° Province d'Alger. — ALGER, chef-lieu, résidence du gouverneur général, siège du gouvernement de la colonie, ainsi que d'un évêché, d'une cour impériale et d'une académie qui comprennent toute l'Algérie. Cette ville, bien fortifiée du côté de la mer, sur laquelle elle possède un vaste port militaire, renferme un lycée et de beaux établissements militaires et maritimes (75 mille habit., dont 20 mille indigènes). — BLIDAH, au S. O. d'Alger, au pied du petit Atlas, sous-préfecture, ville prospère (12 mille hab., dont près de 4 mille Européens). — CHERCHELL, au N., port nouvellement réparé. — ORLÉANSVILLE, au S. de la précédente, ville fondée par les Français dans la vallée du Chélif; subdivision militaire et commissariat civil.

3° Province d'Oran. — ORAN, chef-lieu au bord de la mer, dans une situation pittoresque, ville très-forte (32 mille hab., dont 5 mille indigènes; à 4 kilomètres est MERS-EL-KÉBIR, port capable de recevoir des vaisseaux et parfaitement défendu; il forme avec Oran la meilleure position militaire de toute l'Algérie. — MOSTAGANEM, à l'E., près de la mer, ville industrieuse, subdivision militaire et sous-préfecture. — TLEMCEN, vieille ville mal percée, sous-préfecture.

§ VII. — EMPIRE DU MAROC.

171. Bornes. Divisions. — Population et gouvernement. — L'empire du Maroc est situé à l'O. de l'Algérie, et borné au N. par la Méditerranée, à l'O. par l'océan Atlantique et au S. par le Sahara. — Il se divise en un grand nombre de districts ou *amalats*, qui peuvent se répartir en quatre grandes divisions, savoir : les provinces septentrionales ou **royaume de Fez**, les provinces centrales ou **royaume de Maroc**, les provinces méridionales ou **royaume de Suz** ou **Souze**, enfin les provinces orientales ou **royaume de Tafilet**, au S. E. de la chaîne de l'Atlas. On y rattache en plus un grand nombre d'oasis répandues au N. du Sahara, et dont les plus importantes sont celles de **Draa**, de **Figuig**, le **Gourara** et le pays de **Touat**. La suzeraineté de l'empereur du Maroc n'est que nominale sur ces dernières oasis. — On estime sa population à 7 millions d'habitants, composés en partie de tribus barbares et insoumises. — Le gouvernement est despotique et absolu.

172. Villes principales. — Les villes principales sont : MAROC, ou mieux *Mrakech*, capitale de tout l'empire, et résidence ordinaire de l'empereur, qui y occupe un vaste palais ; est bien déchue de sa splendeur passée ; elle fait le commerce de maroquin, de soie et de papier (60 mille habitants). — MÉKINEZ, au N. E. de Maroc, belle ville dans une plaine renommée par la salubrité de son climat ; résidence de l'empereur actuel, dont la présence triple sa population, qui ordinairement est de 15 mille habitants. — FEZ, capitale du royaume de ce nom, ville riche et commerçante, qui jouissait autrefois en Afrique d'une brillante réputation littéraire ; les musulmans la regardent comme la ville sainte de l'Occident (80 mille habitants). — ALHUCEMAS, CEUTA, (6 mille habitants). — PÉNON-DE-VELEZ et MELILLA, forteresses, appartenant à l'Espagne, sur la côte de la Méditerranée. — TÉTOUAN, port au S. de Ceuta, pris par les Espagnols en 1860, après une campagne glorieuse (16,000 habitants). — TANGER, ville commerçante sur le détroit de Gibraltar, résidence de la plupart des consuls européens ; bombardée, ainsi que *Mogador*, dont nous allons parler plus bas, par une flotte française en 1844 (10 mille hab.). — LARACHE, port sur l'océan Atlantique (4 mille hab.). — SLAA ou *Salé* et RABATT, sur l'océan Atlantique, villes importantes, très-voisines l'une de l'autre, et qui étaient autrefois alliées pour la piraterie ; la première, a été bombardée par une escadre française en 1852 ; elles ont 50 mille habitants. — MOGADOR ou *Soueira*, la ville la mieux construite du Maroc, avec un bon port très-commerçant (20 mille habitants). — TAROUDANT, capitale de la province de Souze (20 mille hab.). — TAFILET est le nom d'un pays qui compte 340 ksours ou villages et renferme, dit-on, plus de 100 mille habitants, dont un grand nombre portent le titre de chérifs et se disent descendants du Prophète : l'existence d'une ville de ce nom est fort contestée. — *Figuig* est également une réunion de villages fortifiés. — Le pays de *Gourara*, à l'E. du précédent, a *Timimacen* pour principal marché. — Enfin le pays de *Touat*, au S. O. de l'Algérie, rendez-vous d'un grand nombre de caravanes du Soudan. — Près de la frontière N. E. de l'empire coule la petite rivière de l'*Isly*, sur les bords de laquelle une faible armée française, commandée par le maréchal Bugeaud, remporta une brillante victoire sur une nombreuse armée marocaine, en 1844.

173. NOTIONS DIVERSES. — La chaîne de l'Atlas qui traverse la Barbarie de l'E. à l'O. partage ce pays en deux contrées qui jouissent d'un climat bien différent. Le N., préservé par les montagnes des effets les plus funestes du vent brûlant du désert, offre partout où il est bien arrosé, une admirable végétation, et fournit en abondance du blé à plusieurs contrées de l'Europe ; l'olivier, l'amandier, le figuier, le citronnier, l'oranger, la vigne, y produisent des fruits exquis. Le *Béled-el-Djerid* ou *pays des Dattes*, situé au S. de l'Atlas, participe déjà de la nature aride du désert, et ses plaines unies, imprégnées de sel et presque stériles, sont le plus fréquemment ravagées par des nuées de sauterelles. La conquête française, en civilisant l'Algérie, y développe rapidement les germes d'une prospérité qui n'attendait pour naître que le travail de la main de l'homme. La culture du tabac, du coton et du mûrier y donne des résultats qui, joints à de grandes richesses minérales encore à peine exploitées aujourd'hui, promettent un brillant avenir à cette colonie. — La Barbarie renferme tous les animaux nuisibles de l'Afrique, le lion de l'Atlas en est le plus terrible ; parmi les animaux utiles on remarque le dromadaire, dont la légèreté est telle qu'on assure qu'il peut faire 330 kilomètres dans une journée.

§ VIII. — DÉSERT DU SAHARA.

174. BORNES, PORTS ET HABITANTS DU SAHARA. — Le désert du Sahara, qui se rattache à ceux de Barcah et de Libye, dont nous avons déjà parlé, est situé au S. de la Barbarie ; et il règne sur près de 1,200 kilomètres d'étendue, du N. au S. Il est parsemé dans toutes ses parties d'oasis extrêmement nombreuses dans lesquelles se reposent les caravanes qui, partant des côtes de Barbarie, traversent le désert pour se rendre dans les villes du Soudan. Dans ces oasis habitent des peuplades à demi sauvages qui peuvent être évaluées à 3 millions d'individus, parmi lesquelles on distingue : les **Tibbous**, à l'E. — les **Touareks**, qui occupent tout le centre et le S., où ils possèdent une ville commerçante nommée *Agades*, résidence du plus puissant de leurs chefs ; — les **Touats**, qui s'étendent à l'O. jusqu'à l'empire du Maroc, et dont *Agably* est la ville principale. Sur la côte de l'océan Atlantique se trouvent quelques ports et mouillages, tels que le golfe d'*Arguin*, dans lequel se trouve un banc de sable trop fameux par les naufrages qu'il a occasionnés.

175. Sidi-Hescham et Oued-Noun. — A l'O. du Sahara et au S. du Maroc, sur la côte de l'Océan, existe le petit État de **Sidi-Hescham**, encore mal connu, dont *Talent*, au N., est la ville principale. On y cite encore **Oued-Noun**, dans la vallée de l'*Oued-Dra*, fleuve qui vient du lac *Ed-Debaïa*. Ces États sont souvent rattachés au Maroc.

176. Notions diverses. — Le Sahara, ou Grand-Désert, occupe une étendue qu'on peut évaluer à plus de 4 millions de kilomètres carrés, c'est-à-dire près de la sixième partie de la superficie de l'Afrique, et plus de huit fois celle de la France. L'intérieur en est mal connu, ainsi que sa population d'origine maure et berbère, qui professe le mahométisme et obéit à un grand nombre de chefs indépendants. Les peuplades voisines de la côte, parmi lesquelles on cite les *Labdes-Sebas*, les *Oulad-Delims*, passent pour très-féroces, et font subir d'horribles traitements aux malheureux naufragés dont les tempêtes ou les courants font échouer les vaisseaux sur les dangereux bancs de sable et de rochers qui bordent ce rivage et s'étendent assez loin dans l'Océan. Il faut encore citer au S. du Sahara, sur les confins des possessions françaises du Sénégal, les tribus maures des *Bracknas* et des *Tzarsas*, tribus guerrières et pillardes.

Aucune rivière importante ne traverse le Sahara : à peine en pourrait-on citer deux ou trois qui, telles que le *Rio de Uro* et les rivières de *Saint-Cyprien* et de *Saint-Jean*, arrivent jusqu'à l'océan Atlantique ; dans l'intérieur on ne trouve que quelques cours d'eau de peu d'étendue, qui, après avoir parcouru de petites vallées dont ils forment de fertiles oasis, se perdent bientôt dans les sables. C'est dans ces oasis que sont bâtis les villes et les villages des peuples du Sahara ; mais la plupart des habitants vivent sous des tentes, et vont d'oasis en oasis faire paître leurs troupeaux de chameaux, de chèvres et de moutons. Souvent ils sont obligés de disputer l'approche des sources, qu'ils y cherchent, aux lions, aux panthères et à d'énormes serpents, habitants redoutables de ces immenses solitudes, où errent aussi des autruches et quelques gazelles. Les seuls arbres précieux qui croissent dans le Sahara sont les palmiers-dattiers, dont le fruit nourrit les habitants des oasis, et l'espèce d'acacia qui produit la gomme arabique.

Questionnaire. — 155. Comment se divise l'Afrique ? — Combien de contrées renferme-t-elle ? — § I. 156. Quelles sont la position et les limites de l'Égypte ? — Quels pays sont soumis au vice-roi d'Égypte ? — 157. Quelle est la population de ces États ? — A quelles races appartient-elle ? — Quel est le gouvernement ? — 158. Comment se divise l'Égypte ?

— Quelles en sont les principales villes? — 159. Quelles sont les oasis qui dépendent de l'Egypte? — Où sont-elles situées? — § II. 160. Quelles sont la position et les limites de la Nubie? — 161. Comment se divise-t-elle? — Quelles en sont les villes principales? — § III. 162. Quelles sont les bornes de l'Abyssinie? — Quelles sont sa population et sa religion? — Quel est son gouvernement? — 163. Comment se divise-t-elle? — Quelles en sont les principales villes? — 164. Quels sont le climat et l'aspect général de l'Egypte, de la Nubie et de l'Abyssinie? — Faites connaître le Nil. — Quels sont les produits de ces contrées? — Quelle est la plus grande île de la mer Rouge? — § IV. 165. Quels Etats comprend la côte de Barbarie? — Quelle religion y est observée? — 166. Quels sont les bornes, la population et le gouvernement de l'Etat de Tripoli? — Quelles en sont les principales villes? — 167. Quels Etats dépendent de Tripoli, et quelles en sont les villes principales? — § V. 168. Quels sont les bornes, la population et le gouvernement de l'Etat de Tunis? — Quelles en sont la capitale et les dépendances? — § VI. 169. A qui appartient l'Algérie? — Quelles en sont les bornes et la population? — Quels sont le gouvernement et les divisions? — 170. Quelles sont les villes principales de la province de Constantine? — Quelle est la capitale de l'Algérie? — Quelles sont les autres villes de la province d'Alger? — Quelles sont celles de la province d'Oran? — § VII. 171. Quelles sont les bornes du Maroc? — Faites connaître ses divisions. — Quels en sont le gouvernement et la population? — 172. Quelles sont les principales villes du Maroc? — 173. Faites connaître le climat de la côte de Barbarie. — Quelle chaîne de montagnes y remarque-t-on? — Quels sont les produits du sol? — Quels animaux y rencontre-t-on? — § VIII. 174. Où est situé le Sahara? — Quelles sont ses bornes? — Quels sont ses habitants? — 175. Dites ce que vous savez de l'Etat de Sidi-Heschum et de l'Oued-Noun. — 176. Quelle est l'étendue du Grand-Désert? — Quelle population lui suppose-t-on? — Quelles rivières y rencontre-t-on? — Quelle vie mènent ses habitants? — Quel arbre utile trouve-t-on dans ces contrées?

DEUXIÈME PARTIE.

SOMMAIRE.

177. L'AFRIQUE CENTRALE ET MÉRIDIONALE comprend 10 contrées: Sénégambie, Guinée et Congo à l'O.; Soudan, Nigritie méridionale et Cafrerie au centre; le Cap au S.; le Mozambique, le Zanguebar et l'Ajan à l'E.

§ I. 178. La SÉNÉGAMBIE est bornée au N. par le Sahara, à l'O. par l'Atlantique, au S. par la Guinée, à l'E. par le Soudan. L'intérieur contient 5 millions d'habitants, divisés en plusieurs peuples noirs et Maures.

179. Les Europeens y ont formé des etablissements, dont les principaux sont ceux des Français, sur la rive gauche du fleuve; capitale Saint-Louis. Les Anglais ont Bathurst, Pisania, etc. — Les Portugais ont Cachad et les îles Bissagos.

180. La végétation y est magnifique, favorisée par les pluies et la chaleur; mais le climat est insalubre, et les animaux féroces nombreux. On en tire de la gomme, de l'or, des huiles, des plumes, etc.

§ II. 181. La GUINÉE est bornée au N. par la Sénégambie, à l'O. par l'Atlantique, au S. par le Congo et à l'E. par les contrées inconnues de l'intérieur. On y distingue: 1° la côte des Graines, ville principale, Free-Town, aux Anglais, et Monrovia; 2° la côte d'Ivoire ; 3° la Côte d'Or, ainsi nommée du commerce qui s'y fait ; 4° la côte des Esclaves, où est le royaume de Dahomey, capitale Abomey ; 5° la côte de Calabar, où est le royaume de Benin ; 6° la côte de Gabon. Les peuples de cette contrée sont sauvages et peu connus.

§ III. 182. Le CONGO, au S. de la Guinée, se divise en Loango, Congo propre, capitale San-Salvador ; Angola, capitale Saint-Paul de Loanda, chef-lieu des établissements portugais ; Benguela, capitale Saint-Philippe, aussi aux Portugais.

183. La population de la Guinée et du Congo est d'environ 11 millions d'habitants, nègres idolâtres. La chaleur de ce climat est insupportable pour les Européens. Le sol est fertile, mais l'air malsain. Les grands animaux y sont nombreux. Les produits sont l'ivoire, l'or et les épices.

§ IV. 184. Le SOUDAN occupe le nord de la partie centrale de l'Afrique. Les principaux États sont : le Bambarah, capitale Ségo ; le royaume de Ten-Boctoue ; le royaume de Haoussa, possédé par les Peuls ou Fellatahs, capitale Sackatou ; le Bornou, capitale Kouka, et le Dar-Four, capitale Tendelty.

185. Le Soudan est encore mal connu, malgré de nombreux voyages. On y a reconnu la supériorité des Fellatahs mahométans sur les autres races. Le pays est traversé par le Niger et par le Tchadda ou Binué, son affluent, et par de nombreuses rivières qui se jettent dans le lac Tchad. On y cultive le riz, le coton, l'indigo, et on y trouve de l'or, du fer, et les grands animaux de l'Afrique.

§ V. 186. La NIGRITIE MÉRIDIONALE et la CAFRERIE comprennent toute la partie centrale et australe de l'Afrique. On peut les diviser en : 1° Nigritie méridionale, aux environs des lacs Uniamesi et Tanganika, peuplée par les Wasumbaras, les Kazembes, les Maravis et les Balondas. Villes remarq. : Kazeh et Matiamwa ; 2° Cimbébasie, au S. du Congo, peuplée par les Cimbébas et les Namaquas ; 3° Cafrerie proprement dite, entre le Congo et le Mozambique, peuplée par les Makololos et les Béchuanas. Villes remarq. : Seskéké et Kolobeng ; 4° les Boers indépendants : République transvaaltique, cap. Erasmus, et République du fleuve Orange, cap. Smithfield ; 5° Hottentotie, au N. du gouvernement du Cap. Villes remarq. : Griqua et Philippopolis.

187. Ces contrées, arrosées par des fleuves considérables, sont fertiles et habitées par des peuples nombreux et plus civilisés qu'on ne le pensait.

§ VI. 188. La colonie du Cap, fondée par les Hollandais, appartient aux Anglais. Il y a 970 mille habitants. La capitale est le Cap.

189. Le climat est tempéré et les productions sont celles de l'Europe. Le cap de Bonne-Espérance a reçu ce nom des Portugais, qui le découvrirent en 1483 et le doublèrent en 1497.

§ VII. 190. Le MOZAMBIQUE est borné au N. O. et à l'O. par la Nigritie méridionale, au S. O. par la Cafrerie, au S. E. par le canal de Mozambique, et par le Zanguebar au N. E. Les Portugais, auxquels il appartient, le divisent en 7 gouvernements, dont Tète et Mozambique, capitales de ces établissements, sont les villes les plus considérables.

191. Les habitants, y compris les indigènes, sont environ 3 millions et demi. Le pays est fertile et bien arrosé. L'ivoire et la poudre d'or y sont recueillis.

§ VIII. 192. Le ZANGUEBAR est borné au S. O. par le Mozambique, par la mer des Indes au S., la côte d'Ajan au N. E., et la Nigritie méridionale à l'O. Il est divisé en États tributaires de l'iman de Maskate, dont les principaux sont ceux de Quiloa, Zanzibar, Monbaza, Mélinde et Magadoxo.

93. Il a environ 1 million et demi d'habitants, mahométans et idolâtres. Le pays est chaud et marécageux; il produit beaucoup d'ivoire, dont le port de l'île de Zanzibar fait un grand commerce.

§ IX. 194. La côte d'AJAN est bornée au S. O. par le Zanguebar, à l'E. par l'océan Indien, au N. par le détroit de Bab-el-Mandeb et l'Abyssinie, à l'O. par le Soudan. Elle se divise en côte d'Ajan proprement dite et ancien royaume d'Adel, et en côte des Somaulis, peuple mahométan intelligent qui possède les ports de Barbora et Zeilah. On cite encore le royaume de Harrar, au S. O.

195. La population est d'environ 400 mille habitants, qui font le commerce d'esclaves, de bestiaux et de parfums.

§ X. 196. Les îles qui se rattachent à l'Afrique sont : dans l'Atlantique, les Açores, Madère, les Canaries, les îles du Cap-Vert, celles de Fernando-Pô, Annobon, l'île du Prince et Saint-André, Saint-Mathieu, l'Ascension, Sainte-Hélène et celles de Tristan d'Acunha.

197. Les îles de l'océan Indien sont : Madagascar, capitale Tananarive; la Réunion, Sainte-Marie, Mayotte et Nossibeh, aux Français; Maurice, les Seychelles et les Amirantes, aux Anglais.

177. DIVISION. — L'Afrique centrale et méridionale se divise en 10 contrées principales, qui sont :

1. **La Sénégambie,**
2. **La Guinée,** } sur la côte occidentale.
3. **Le Congo,**
4. **Le Soudan,**
5. **La Nigritie méridionale,** } au centre.
6. **La Cafrerie,**
7. **Le gouvernement du Cap au Sud.**
8. **Le Mozambique,**
9. **Le Zanguebar,** } sur la côte orientale.
10. **L'Ajan.**

Nous allons les étudier successivement.

§ Ier. — SÉNÉGAMBIE.

178. BORNES ET HABITANTS. — La **Sénégambie**, ainsi nommée des deux principaux fleuves qui l'arrosent, savoir : le *Sénégal* et la *Gambie*, est bornée au N. par le Sahara, à l'O. par l'océan Atlantique, au S. par la Guinée et à l'E. par le Soudan. Ce pays renferme une foule de petits royaumes; les uns sont habités par les **Nègres** indigènes, dont les peuplades principales sont celles des **Foulahs**, des **Mandingues**, des **Ghiolofs** et des **Feloups**; les autres sont envahis par les Maures. — La population totale est évaluée à 5 millions d'habitants.

179. ETABLISSEMENTS DES EUROPÉENS DANS LA SÉNÉ-

GAMBIE. — Les Européens possèdent de nombreux établissements dans la Sénégambie, savoir :

Les **Français** ont établi leur domination sur une partie de la Sénégambie, où leurs possessions se divisent en trois arrondissements, dont les chefs-lieux sont : SAINT-LOUIS, capitale des établissements français ; *Bakel* et *Gorée*. (V. n° 5.)

Les **Anglais** possèdent : BATHURST (3,000 habitants), le fort JAMES, PISANIA, ALBRÉDA, et plusieurs comptoirs sur la Gambie.

— Les **Portugais** ont dans le S. O. quelques établissements qui ont pour chef-lieu *Cachao*, petite ville de 1,000 habitants avec un fort, et sur la côte les îles fertiles de BISSAGOS, avec un fort sur celle de *Bissao*, la plus grande du groupe et ayant environ 170 kilomètres de tour.

180. NOTIONS DIVERSES. — Sur les côtes peu élevées de la Sénégambie et sur les bords de ce fleuve, fécondés, comme l'Égypte, par des débordements et par les pluies périodiques qui tombent du mois de juillet au mois d'octobre, la végétation prend un développement extraordinaire. C'est là que le baobab atteint les proportions qui en font le roi des végétaux. Les palmiers, les cocotiers, les citronniers, les orangers y charment la vue de toutes parts ; mais des chaleurs insupportables, l'insalubrité de l'air, la présence de hideux crocodiles et des reptiles les plus dangereux diminuent la population de ce pays. On en tire de la poudre d'or, de l'ambre, des plumes d'autruche, du poivre, de la cire, des cuirs, de la gomme et des huiles d'arachide apportées par les tribus sauvages du Sahara.

§ II. — GUINÉE.

181. BORNES. DIVISIONS. PRODUCTIONS. — ÉTABLISSEMENTS EUROPÉENS. — La Guinée est une vaste contrée qui s'étend, au S. de la Sénégambie, le long de la côte de l'Océan jusqu'au Congo ; à l'E. elle touche les pays peu connus du centre de l'Afrique. — Ce pays se subdivise en plusieurs parties, dont les principales sont, de l'O. à l'E : 1° la côte de **Sierra Leone**, dont le S. prend le nom de côte du **Poivre** ou des **Graines**, ainsi nommée à cause du poivre que les Anglais en tirent en abondance. Ce peuple a fondé, au N. O., sur les bords de la rivière de *Sierra-Leone*, qui forme l'un des meilleurs ports de l'Afrique, l'importante ville de FREE-TOWN, établissement destiné surtout à réprimer l'infâme trafic de la traite des nègres. Malgré l'insalubrité du climat, cette ville est devenue une des plus commerçantes et des plus peuplées de cette côte (12,000 habitants). Les Américains des États-Unis ont fondé au S. O. de Sierra-Leone, sous le nom de **Liberia**, un autre établissement pour ceux de leurs nègres qu'ils ont rendus à la liberté ; MONROVIA, à l'E. de l'embouchure du fleuve *Mesurado*, est le chef-lieu de cette colonie (3,000 habitants). — 2° La **côte d'Ivoire ou des Dents**, ainsi nommée des dents d'éléphant qu'elle fournit en abondance. — 3° La **côte d'Or**, qui tire son nom de la poudre d'or, objet principal de son commerce. Les Européens y ont de nombreux établissements, parmi lesquels on distingue : les comptoirs français établis au *Grand Bassam*, et sur la rivière d'*Assinie* ou *Issinie*, sur la limite de la côte d'Or et de la côte d'Ivoire ; SAINT-GEORGES DE LA MINE, aux Hollandais, (10,000 habitants) ; le CAP CORSE (8,000 habitants), et CHRISTIANSBORG, aux Anglais. A l'E. s'étend le plus puissant État de cette côte, le royaume d'ACHANTI, qui a pour capitale COUMASSIE (14,000 habitants). — 4° La **côte des Esclaves**, ainsi nommée du trafic honteux qui s'y fait encore, quoique toutes les nations de l'Europe y aient renoncé d'un commun accord. Plusieurs petits États de cette côte ont été réunis en seul nommé DAHOMEY, qui compte environ 1,000,000 de sujets depuis l'ACHANTI à l'O. jusqu'au YARRIBA à l'E. La capitale ABOMEY, située à 120 kilomètres dans l'intérieur, compte environ 30,000 habitants ; la ville la plus commerçante est WYDAH, à 4 kilomètres de la mer, avec une population de 16,000 habitants environ, et un comptoir français. L'île de LAGOS, plus à l'E., est occupée par les Anglais. — 5° La **côte de Calabar**, sur laquelle débouchent les innombrables bras du Niger ou Dialli-Bâ ; contrée marécageuse et très-fertile, occupée par plusieurs royaumes, entre lesquels on distingue celui de BÉNIN, à l'O., le plus puissant de cette côte, gouverné par un souverain qui peut mettre 1,000,000 d'hommes sur pied ; les Anglais en font aujourd'hui le principal commerce ; capitale BÉNIN, sur un bras du Dialli-Bâ (15,000 habitants). Le roi de Bénin compte au nombre de ses tributaires celui d'OUARY (*Ougdah* ou *Juda*), dont la capitale est située au S. de Bénin, sur un autre bras du Dialli-Bâ, et celui de BONNY, dont la capitale, située à l'embouchure du bras du Dialli-Bâ, auquel elle donne son nom, est une des villes les plus commerçantes de ces parages. — 6° La **côte de Gabon**, plus au S. E. qui doit son nom à une baie dans laquelle débouche une rivière qui porte aussi le même nom, et sur laquelle la France possède un comptoir. — Toute cette contrée est habitée par des peuples sauvages et peu connus, parmi lesquels nous citerons seulement les *Biafras*, qui donnent leur nom à l'un des golfes formés par celui de la Guinée.

§ III. — CONGO.

182. POSITION, DIVISIONS ET VILLES PRINCIPALES. — Le **Congo**, nommé aussi **Guinée méridionale**, est situé au S. de la Guinée, et divisé en plusieurs royaumes, dont les principaux sont : 1° celui de **Loango**, capitale LOANGO, dans une position charmante (15,000 habitants); — 2° du **Congo** propre, capitale SAN-SALVADOR, bâtie par les Portugais, qui regardent encore comme une de leurs possessions ce vaste royaume, redevenu en réalité indépendant; — 3° d'**Angola**, capitale SAINT-PAUL DE LOANDA ou *Loanda*, évêché (5,000 habitants), chef-lieu des établissements des Portugais, dont la domination, qui s'est longtemps étendue sur toute cette partie de l'Afrique, subsiste encore dans ce royaume et dans le suivant, et conserve des postes et des comptoirs à de grandes distances dans l'intérieur des terres; — 4° de **Benguela**, capitale SAINT-PHILIPPE (*San Felipe*), lieu d'exil pour les criminels portugais; — PANZA (24,000 habitants) est indépendant.

183. NOTIONS DIVERSES SUR LA GUINÉE ET LE CONGO. — La Guinée et le Congo, ou les deux Guinées, ont une population que l'on évalue à 11 millions d'habitants, tous nègres et idolâtres. Les tentatives qu'ont faites les missionnaires portugais pour répandre la religion chrétienne parmi ceux qui sont soumis au Portugal, les ont seulement amenés à mêler à leurs croyances superstitieuses quelques pratiques du christianisme.

La chaleur étouffante qui règne dans les deux Guinées, surtout pendant la saison des pluies, dont la durée est souvent de six mois, en rend le climat pernicieux pour les Européens; mais elle fait éclore les fleurs les plus admirables, et donne à toute la végétation un développement extraordinaire, surtout sur les côtes, qui sont généralement basses et formées du limon fertile charrié et accumulé depuis un grand nombre de siècles par de nombreuses rivières qui descendent des hautes montagnes qui traversent les deux Guinées au N. et à l'E. — Les éléphants, les gazelles, les antilopes, les singes, y vivent en troupes innombrables; on y rencontre aussi la girafe, le rhinocéros, un grand nombre de serpents, et particulièrement l'énorme boa. — La poudre d'or, l'ivoire et le poivre sont les productions principales de ces contrées, d'où l'on a transporté dans les diverses parties de l'Amérique un grand nombre d'esclaves nègres, commerce horrible qui dure encore, malgré les efforts que font les principales nations de l'Europe.

§ IV. — SOUDAN.

184. POSITION, DIVISIONS ET VILLES PRINCIPALES. — Le **Soudan**, ou **Nigritie**, occupe toute la partie centrale de l'Afrique au N. de l'équateur, depuis les monts de Kong, à l'E. de la Sénégambie, jusqu'au S. de la Nubie et de l'Abyssinie, et renferme plusieurs royaumes fort peu connus, dont les principaux sont, de l'O. à l'E. : 1° Le **Bambarah**, capitale, Ségo. — 2° Le royaume de **Ten-Boktoue**, avec une capitale du même nom, située près de la rive gauche du Niger, et l'une des villes les plus commerçantes de l'Afrique centrale (12,000 habitants). — 3° Celui de **Haoussa**, dont le souverain paraît être le plus puissant de la Nigritie. Ses sujets, nommés *Peuls* ou *Fellatahs*, forment une race particulière, entièrement différente, pour la couleur et pour les traits, des Nègres, avec lesquels ils ne s'allient jamais; ils paraissent fort industrieux. Sackatou (80,000 habitants) et Kano sont les villes les plus remarquables de ce royaume. Au S. E. de ce royaume se trouve l'**Adamoua**, dont la capitale, Yola, est la résidence d'un souverain vassal du sultan des Fellatahs. — 4° Le royaume de **Bornou**, dont l'ancienne capitale, détruite au commencement de ce siècle par les Fellatahs, et nommée aujourd'hui *Vieux-Birnie*, renfermait, dit-on, 200,000 habitants. Elle a été remplacée par le Nouveau-Birnie ou Bornou, situé plus au S. E.; mais Kouka, près du lac Tchad, est la résidence du souverain de ce pays, qui entretient une nombreuse cavalerie bardée de fer. — 5° Le **Dar-Four**, capitale Ten-delty, qui a remplacé *Cobbéh*.

185. Notions diverses. — Le Soudan, ou Nigritie, est, comme nous venons de le dire, divisé en un grand nombre de royaumes plus ou moins étendus et fort mal connus des Européens. On évalue la population à 50 millions. Cependant quelques voyageurs qui sont parvenus, dans ces dernières années, à pénétrer dans le Soudan, y ont trouvé des peuples beaucoup plus civilisés qu'on ne l'avait supposé jusqu'ici, et parmi lesquels se distinguent les Fellatahs, qui appartiennent à la race maure, sont mahométans, et ont fait la conquête des plus belles contrées du Soudan. Ces pays, arrosés par de nombreuses rivières qui se rendent dans le lac Tchad, qui en occupe le centre, ou tributaires du Niger, dont le principal affluent, nommé Tchada ou Binué, traverse toute la partie S. E., est arrosé par le Haut Nil Blanc, et ses affluents fort importants et très-nombreux sont bien cultivés et fertiles en riz, en *dourrah*, espèce de millet, en coton, chanvre, indigo, etc. On y trouve aussi de l'or et du fer, et presque tous les animaux de l'Afrique.

§ V. — NIGRITIE MÉRIDIONALE ET CAFRERIE.

186. Position et Habitants. — Nous comprenons ici sous le nom de **Nigritie méridionale** et **Cafrerie** toute la partie encore peu connue de l'Afrique centrale, qui s'étend depuis le Soudan, au N., jusqu'au gouvernement du Cap, vers le S. Cette immense région, dont on évalue très-vaguement la population à 60 millions d'habitants, peut se diviser en quatre parties, savoir : 1° La **Nigritie méridionale**, sous l'équateur et aux environs des grands lacs *Uniamési*, *Tanganyika* et *Schirwa*, reconnus récemment ; vaste contrée fertile et très-peuplée. Les peuples qui ont été visités par les voyageurs sont les *Wasumbaras*, les *Kazembes*, les *Maravis* et les *Balondas*, à l'O. et au S. des grands lacs. Ils habitent un grand nombre de villes, parmi lesquelles nous citerons : chez les premiers, KASEH, place de commerce importante à l'E. des grands lacs ; KAWÉLÉ, port sur le lac Tanganyika, et *Muanza*, plus au N., sur le lac Ukerewé, et, enfin, *Matiamwo*, chez les Balondas. — 2° La **Cimbébasie**, qui occupe la côte comprise entre le Congo et le gouvernement du Cap, et qui doit son nom à la peuplade noire et sauvage des *Cimbébas*, qui est sur le rivage ; on y connaît aussi les *Dambaras* et les *Namaquas*. — 3° La **Cafrerie** proprement dite, qui s'étend au S. E. le long de la *côte de Natal*, comprise entre le gouvernement du Cap et la capitainerie de Mozambique. Les Anglais ont formé sur cette côte un établissement nommé **Port-Natal** ; l'intérieur renferme plusieurs peuplades considérables, dont les plus remarquables sont les *Makololos*, au N., qui, des rives du *Zambèze*, descendent jusqu'aux rives du lac *N'gami*, et qui possèdent les villes de SESKÉKÉ, LYNIANTI et NALIÈLE ; plus au S. sont les *Béchuanas*, qui possèdent les villes de KOLOBENG, KOURITCHANÉ, et NOUVEAU-LITAKOU. — 4°. Les **Boers indépendants**, à l'E. de ces pays, colons d'origine hollandaise, fuyant la domination anglaise établie au cap de Bonne-Espérance, ont fondé les deux petits Etats indépendants qui portent le nom de **République Transvaaltique**, entre le *Limpopo* et le fleuve *Orange* ; capitale ÉRASMUS, et **République Orange**, au S. du fleuve de ce nom ; capitale SMITHFIELD. — 5° La **Hottentotie**, au N. du gouvernement du Cap, et qui doit son nom aux *Hottentots*, nation nègre, de couleur brun rouge, qui se divise en plus de 20 peuplades, dont plusieurs sont très-féroces. On y trouve les villes de *Griqua* ou *Klurrwater* et de *Philippopolis*.

187. NOTIONS DIVERSES. — Le nom de *Cafres* signifie infidèles et fut donné par les Arabes mahométans établis sur les côtes orientales de l'Afrique aux peuplades païennes de l'intérieur. Parmi les nombreuses nations avec lesquelles les voyageurs ont été en rapport dans ces derniers temps, fort peu ont justifié les accusations de barbarie que l'on avait longtemps fait peser sur les peuples de l'Afrique centrale ; plusieurs de ces peuples, les Béchuanas entre autres, se distinguent par leurs belles proportions, par la douceur de leurs mœurs et par leur industrie : ils forgent avec habileté le fer et le cuivre, qu'ils tirent des mines abondantes, situées dans leur pays, agréablement entrecoupé de montagnes assez élevées, de vallées et de plaines fertiles. Des missionnaires travaillent à convertir ces peuples au christianisme. Les vastes contrées que ces peuples habitent sont elles-mêmes loin de mériter l'opinion que l'on s'était plu à se faire d'elles. Arrosées par de nombreux fleuves et rivières qui se rendent dans de vastes lacs, ou vont se jeter dans les deux mers qui baignent les côtes de ces pays, elles sont, en outre, coupées par de hautes montagnes et réunissent, par conséquent, tous les avantages et toutes les richesses des contrées tropicales des autres parties du monde.

§ VI. — COLONIE DU CAP.

188. POSITION, POPULATION ET VILLES PRINCIPALES. — La colonie du cap de Bonne-Espérance, fondée par les Hollandais, en 1650, et appartenant maintenant aux Anglais, qui s'en sont emparés en 1795, occupe toute la pointe méridionale de l'Afrique, jusqu'à 840 kilomètres dans l'intérieur des terres. — Malgré sa vaste étendue, cette contrée ne renferme qu'environ 970,000 habitants, dont 200,000 blancs ; elle est très-fertile ; la vigne y réussit très-bien, et produit l'excellent vin de *Constance*. — La capitale de ce pays est LE CAP (*Cap Town*), sur la baie de la Table, un peu au N. du cap de Bonne-Espérance (40,000 habitants, avec les faubourgs), chef-lieu de la province occidentale. — UITENHAGEN, à l'E., est, après le Cap, la ville la plus considérable. — GRAHAM-TOWN, chef-lieu de la province orientale. Cette colonie est très-importante par sa position sur la route de l'Inde (5,000 habitants). — PORT-NATAL à l'E., sur la mer des Indes, port commerçant (5,000 habitants).

189. NOTIONS DIVERSES. — La colonie du Cap jouit d'un climat doux et tempéré ; cependant le pays est exposé pendant l'été à un vent brûlant qui détruit quelquefois toute végétation, et, depuis le mois de mai jusqu'au mois d'août, il est inondé par des pluies continuelles. Les productions de l'Europe se trouvent réunies dans cette contrée à celles de l'Afrique. — Le cap de Bonne-Espérance, qui donne son nom au pays dont nous parlons, fut d'abord nommé *cap des Tourmentes*, par les Portugais, qui y furent assaillis par d'horribles tempêtes, lorsqu'ils le découvrirent en 1483, et qui n'osèrent le doubler que quatorze ans après, en 1497, sous la conduite de Vasco de Gama, qui ouvrit ainsi aux Européens la route des Indes.

§ VII. — MOZAMBIQUE.

190. BORNES, DIVISIONS ET VILLES PRINCIPALES. — La capitainerie générale de Mozambique, qui comprend toutes les possessions des Portugais sur la côte orientale de l'Afrique, s'étend le long du canal auquel elle donne son nom, entre la

Nigritie méridionale au N. O. et à l'O., la Cafrerie au S. O. et le Zangueban au N. E. — Les Portugais divisent ce pays en sept gouvernements, qui sont, du S. O. au N. E. : 1° celui de **Lorenzo Marquez**, autour de la baie de ce nom; 2° celui d'**Inhambane**, avec un fort du même nom; 3° celui de **Sofala**, dont la capitale, autrefois très-florissante, n'est plus aujourd'hui qu'un village; 4° celui des **Rivières de Séna**, arrosé par le Zambèze, sur lequel se trouvent : TÊTE, son chef lieu; *Séna*, plus au S. E., et *Chicora*, au S. O.; 5° celui de **Quilimane**, avec un chef-lieu du même nom, à l'embouchure N. du Zambèze; 6° celui de **Mozambique**, dont le chef-lieu, MOZAMBIQUE, est en même temps la capitale de toute la capitainerie, et le siége d'un évêché; elle est située dans une île très-voisine du continent, et bien fortifiée; son port, un des meilleurs de ces mers, est fréquenté par les bâtiments qui font le commerce de l'Inde et de la mer Rouge, et qui y prennent des épices et des pierres précieuses; mais la majeure partie de sa population, fuyant l'insalubrité de son séjour, a cherché un refuge dans le beau village de *Mesuril*, fondé récemment sur la côte voisine (10 mille habitants); 7° celui du **Cap Delgado** ou *Cabo-del-Gado*, composé seulement des îles *Quérimbes*, situées au S. E. de ce cap.

191. NOTIONS DIVERSES. — La capitainerie générale de Mozambique, en y comprenant les peuplades indigènes renfermées dans ses limites, et qui sont gouvernées par des chefs à peu près indépendants, peut compter environ 2 millions et demi d'habitants, dont 300,000 seulement obéissent aux Portugais. Cette contrée, vaste et bien arrosée, est très-fertile, surtout en riz; les forêts, où l'on trouve l'arbre nommé *malampava*, qui a jusqu'à 23 mètres de tour, sont remplies d'éléphants, dont les dents sont, avec la poudre d'or, les objets les plus importants du commerce de ce pays.

§ VIII. — CÔTE DE ZANGUEBAR.

192. BORNES. DIVISIONS. VILLES ET ILES PRINCIPALES. — La **côte de Zanguebar**, située au N. E. de celle de Mozambique, sur le rivage de la mer des Indes, qui la baigne à l'E., a la côte d'Ajan au N. E. et la Nigritie méridionale à l'O. Elle comprend un grand nombre de petits États qui portent le nom de leur capitale, et sont presque tous tributaires de l'*Iman de Maskate* en Arabie, dont la domination a remplacé sur cette côte celle des Portugais, qui, après y avoir régné pendant près de deux siècles, en ont été expulsés par les naturels depuis une centaine d'années. Parmi ces États, les plus connus sont, du S. O. au N. E. : 1° celui de Quiloa, gouverné par un roi nègre, dont la capitale est située dans une petite île voisine du rivage ; 2° celui de Zanziban, composé d'une portion de côte assez considérable et de l'île de *Zanzibar* ou *Souayéli*, la plus grande, la plus peuplée et la plus commerçante de cette côte ; il est gouverné par un cheik nommé par l'iman de Maskate, qui vient souvent y résider lui-même ; 3° celui de Mombaza, dont la capitale, située dans une petite île près de la côte, a été quelque temps occupée par les Anglais ; 4° celui de Mélinde, dont la capitale, aujourd'hui bien déchue, fut extrêmement florissante sous la domination portugaise ; 5° celui de Brava, ville commerçante qui forme une petite république aristocratique ; 6° enfin celui de Magadoxo, ou *Moghedischa*, dont la capitale est grande et fort commerçante. — On distingue encore sur cette côte l'île de *Monfia*, aujourd'hui inhabitée, et celle de *Pemba*.

193. Notions diverses. — On suppose que le Zanguebar renferme environ un million et demi d'habitants, en partie Arabes mahométans, et le reste nègres idolâtres divisés en plusieurs tribus, parmi lesquelles on distingue les *Mongallos* au S. E., les *Mosséguéyos* et les *Maracatos* dans l'intérieur des terres. Les plaines marécageuses et malsaines qui occupent la plus grande partie de ce pays sont couvertes de forêts où vivent de nombreuses troupes d'éléphants, qui fournissent beaucoup d'ivoire. L'île de *Zanzibar*, sur la côte occidentale de laquelle se trouve un excellent port, fait un grand commerce d'esclaves, de gomme et d'ivoire.

§ IX. — CÔTE D'AJAN.

194. Bornes, Divisions et Villes principales. — La **côte d'Ajan**, située au N. E. de celle de Zanguebar, sur la même mer, s'étend au N. jusqu'au détroit de Bab-el-Mandeb, et est bornée à l'O. par la Nigritie méridionale et l'Abyssinie. — Elle peut se diviser en deux parties : la *côte d'Ajan proprement dite*, située le long de la mer des Indes, et qui n'est qu'un désert aride et stérile où errent seulement quelques autruches, et l'ancien royaume d'*Adel*, comprenant la *côte des Somaulis*, le long du golfe d'Aden, et le petit royaume mahométan de Harrar ou *Arrar*, situé plus au S. O., sur les frontières de l'Abyssinie. Ces États sont presque tous tributaires de l'iman de Maskate. — Les *Somaulis*, dont les nombreuses tribus parcourent toute la contrée qui s'étend depuis Magadoxo jusqu'au golfe d'Aden, sont un peuple mahométan, actif et industrieux, qui fait un commerce important dans toutes les contrées qui avoisinent la mer Rouge et le golfe d'Aden, sur lequel ils possèdent plusieurs ports dont les deux plus fréquentés sont :

Barbora ou *Berbera*, sur la côte méridionale, et qui paraît être maintenant la principale place de commerce de ce pays, et Zeilah (l'ancien *Avalites portus*), au fond du golfe, capitale de l'ancien royaume d'Adel. — Harrar, située au S. O., est celle du royaume du même nom (12 mille habitants).

195. Notions diverses. — On évalue à 400,000 habitants la population des contrées que nous comprenons sous le nom de côte d'Ajan. Les Somaulis ont le teint olivâtre et teignent en jaune leurs longs cheveux. Ils sont pasteurs et possèdent des troupeaux de moutons dont l'énorme queue pèse jusqu'à 12 ou 13 kilogrammes. Les principaux objets de leur commerce sont les esclaves, le beurre fondu, les bestiaux, et même des aromates, qui croissent sur les côtes du golfe d'Aden, où il ne pleut presque jamais.

§ X. — ÎLES QUI DÉPENDENT DE L'AFRIQUE.

Les îles de l'Afrique se divisent naturellement en îles situées dans l'océan Atlantique, et en îles de l'océan Indien.

196. Les principaux groupes situés dans l'Atlantique sont : 1° les **Açores**, qui, par leur position à l'O. du Portugal, auquel elles appartiennent, devraient faire partie de l'Europe ; elles sont au nombre de dix, peuplées de 250 mille habitants, et jouissent d'un climat délicieux. La principale est Terceira, qui a environ 70 kilomètres de tour et une capitale fortifiée, nommée *Angra*, siège du gouvernement et de l'évêché des Açores. — 2° **Madère**, au S. E. des Açores, au Portugal ; fameuse par son vin. Elle a 1,000 kilomètres carrés et 150 mille habitants ; capitale Funchal (21 mille hab.) — Au N. E. se trouvent les petites îles de *Porto-Santo*. — 3° Les **Canaries** (anciennes *îles Fortunées*), au S. de Madère, groupe composé de sept grandes îles et de plusieurs petites, aux Espagnols ; elles sont très-fertiles, et peuplées de 200 mille habitants. Les principales sont Ténériffe, la plus considérable par son commerce, par ses richesses et par sa population, qui est de 60 mille habitants ; fameuse par son pic, qui s'élève, au S. O. de l'île, à 3,719 mètres de hauteur, et qui renferme un volcan redoutable. On a découvert, au pied de cette montagne, des cavernes où les *Guanches*, anciens habitants de ces îles, déposaient les morts ; capitale, *Laguna* ; mais *Santa Cruz* en est le port principal (8 mille habitants). — **Canarie**, qui a donné son nom au groupe ; capitale, *Palma*. — **Fer**, où passait le premier méridien, d'après la déclaration de Louis XIII, du 1er juillet 1634. — 4° Les îles du **Cap-Vert**, au N. O. du cap de ce nom, au nombre de 20, la plupart pierreuses, et peuplées de 89 mille habitants, aux Portugais. La principale, nommée SANTIAGO, qui contient la moitié de la population du groupe (41 mille hab.), a environ 200 kilomètres de long sur 45 de large; elle est fertile, mais l'air y est malsain; capitale, *Villa de Praya*; port sur la côte S. E.

— »On peut citer encore : 1° dans le golfe de Guinée, FERNANDO-PÔ, aux Anglais, qui y ont un établissement destiné à réprimer la traite des nègres et à faire pénétrer parmi eux les bienfaits de la civilisation ; ANNOBON, aux Espagnols; l'île du PRINCE et SAINT-THOMAS, aux Portugais. Elles sont fertiles, mais l'excessive chaleur y rend l'air malsain. — 2° SAINT-MATHIEU, à l'O. des précédentes. — 3° L'ASCENSION, au S. O. de Saint-Mathieu, rocher stérile sur lequel les Anglais ont fondé la petite ville de *Georgetown*, et où l'on trouve en abondance des tortues excellentes et monstrueuses. — 4° SAINTE-HÉLÈNE, au S. E. de l'Ascension, de 35 kilomètres de circuit, entourée de rochers escarpés qui la rendent imprenable, et peuplée de 3,000 habitants; tristement célèbre par la détention et la mort de Napoléon 1er; capitale, *James-Town*, aux Anglais (5,000 habitants). — 5° Les îles de TRISTAN D'ACUNHA, plus au S. O.; peu connues, et dont la principale a environ 20 kilomètres de tour, aux Anglais.

197. ÎLES REMARQUABLES DE L'OCÉAN INDIEN. — Les îles remarquables de l'océan Indien sont : 1° **Madagascar**, séparée de l'Afrique par le canal de Mozambique, l'une des plus grandes îles du globe, de 494 mille kilomètres carrés de superficie; couverte en partie de montagnes et de forêts riches en bois précieux; fertile, mais malsaine sur les côtes. Sa population est de 5 millions et demi d'habitants, divisés en plusieurs royaumes, dont le plus puissant est celui des **Hovas**, au centre de l'île; capitale, TANANARIVE (50 mille habitants). Villes remarquables : *Emyrne*, *Tamatave*, et *Bombetoc* (8 mille hab.). — 2° **La Réunion**, à l'E. de Madagascar, île volcanique de 213 kilomètres de tour, et peuplée de 200 mille habitants, dont 80 mille blancs, aux Français, qui s'y sont établis en 1665. Elle est fertile, particulièrement en sucre et café d'excellente qualité. On trouve sur ses côtes de l'ambre gris, du corail, et de beaux coquillages ; capitale, *Saint-Denis* (19 mille habitants); Ville principale, Saint-Paul. — **Maurice**, ancienne *Île de France*, plus au N. E., de 200 kilomètres de circuit; peuplée de 320 mille habitants, dont 200 mille Indiens introduits depuis la suppression de l'esclavage, et fertile en sucre, indigo, muscade, etc. ; capitale, *Port-Louis* (50 mille habitants); cette île appartient aux Anglais, qui l'ont prise à la France, ainsi que l'île *Rodriguez*, située plus à l'E.

On peut citer encore : — Les SEYCHELLES, au N. E. de Madagascar, divisées en deux groupes, savoir : les îles de MAHÉ, ainsi nommées de

Mahé, la plus grande de toutes, et les Amirantes, au S. O., aux Anglais, qui y ont environ 50,000 habitants. — Sainte-Marie, sur la côte orientale de Madagascar, aux Français, qui y ont élevé le fort Saint-Louis. — Nossi-Béh et Mayotte, dans le canal de Mozambique, au N. O. de Madagascar, occupées par les Français, qui y ont formé des établissements importants par leur situation sur la route des Indes orientales; dont tous ces établissements peuvent contenir 30,000 habitants.

Questionnaire. — 177. Comment se divise l'Afrique centrale et méridionale? — § I. 178. Quelles sont les bornes de la Sénégambie? — Quels sont ses habitants? — 179. Quels établissements les Français possèdent-ils sur les côtes? — Quelles sont les possessions des Anglais? — Indiquez celles des Portugais. — 180. Quel est l'aspect du pays? — Quels sont ses produits et son climat? — § II. 181. Quelles sont les bornes de la Guinée? — Comment se divise-t-elle? — Quelles sont ses productions? — Quels établissements les Européens y ont-ils formés? — § III. 182. Quelles sont la position et les divisions du Congo? — Quelles sont ses villes principales? — 183. Quelle est la population réunie du Congo et de la Guinée? — Quelles religions y sont suivies? — Quels sont l'aspect général et le climat de ces pays? — Quels animaux en sont originaires? — Quels en sont les produits? — § IV. 184. Quelles sont les bornes du Soudan? — Quelles sont ses divisions et ses villes principales? — 185. Que connaît-on au Soudan? — Quel peuple en a fait la conquête? — Quels fleuves l'arrosent? — Quel lac y trouve-t-on? — Quels en sont le climat et les produits? — § V. 186. Quelle est la position de la Cafrerie? — Quelle est sa division? — Faites connaître l'étendue de la Nigritie méridionale et de la Cafrerie. — Quels peuples habitent ces pays? — Quels fleuves et quels lacs y rencontre-t-on? — Quelles villes y connaît-on? — 187. Quels sont le climat et la civilisation de ces pays? — § VI. 188. Quelles sont la position et la population de la colonie du Cap? — Quelles sont les principales villes? — A qui appartient cette colonie? — 189. Quels sont le climat et les produits de cette colonie? — Quand et par qui fut découvert et doublé le cap de Bonne-Espérance? — § VII. 190. Quelles sont les bornes de la capitainerie de Mozambique? — A qui appartient-elle? — Quelles en sont les divisions et les villes remarquables? — 191. Quelle est la population du Mozambique? — Quels en sont le climat et les produits? — § VIII. 192. Quelles sont les bornes du Zanguebar? — Quelles en sont les divisions et les villes principales? — Quelles îles remarquables en sont voisines? — 193. Quelle est sa population? — A quels peuples et à quelle religion appartiennent-ils? — Quels sont ses produits? — § IX. 194. Quelles sont les bornes et les divisions de la côte d'Ajan? — Quelles en sont les villes principales? — Quel peuple y remarque-t-on? — 195. Quelle est la population et quels sont les produits de cette côte? — § X. 196. Comment se divisent les îles qui dépendent de l'Afrique? — Quels sont les principaux groupes situés dans l'Atlantique? — A quelles nations appartiennent ces îles et quelles sont leurs villes remarquables? — Citez les îles du golfe de Guinée. — 197. Quelles sont les îles remarquables de l'océan Indien? — Faites connaître Madagascar, sa population et sa capitale. — Quelles sont celles possédées par des nations européennes?

FIN.

TABLE DES MATIÈRES

Pages

CHAPITRE PREMIER.
Division de l'Europe. — France. 1-2

CHAPITRE DEUXIÈME.
France par Bassins. 7

CHAPITRE TROISIÈME.
Grande-Bretagne. 24

CHAPITRE QUATRIÈME.
Belgique. — Pays-Bas. — États Scandinaves. 30-33-36

CHAPITRE CINQUIÈME.
Russie. 41

CHAPITRE SIXIÈME.
Allemagne. 46

CHAPITRE SEPTIÈME.
Prusse. — Autriche. 56-60

CHAPITRE HUITIÈME.
Suisse. — États italiens. 65-69

CHAPITRE NEUVIÈME.
Espagne et Portugal. 75-79

CHAPITRE DIXIÈME.
Grèce et Turquie. 82-86

CHAPITRE ONZIÈME.
Première partie.
Géographie politique de l'Afrique septentrionale. 89
Deuxième partie.
Géographie politique de l'Afrique centrale et méridionale. 101

PARIS. — ÉDOUARD BLOT, IMPRIMEUR, RUE TURENNE, 66.

www.ingramcontent.com/pod-product-compliance
Lightning Source LLC
Chambersburg PA
CBHW070522100426
42743CB00010B/1915